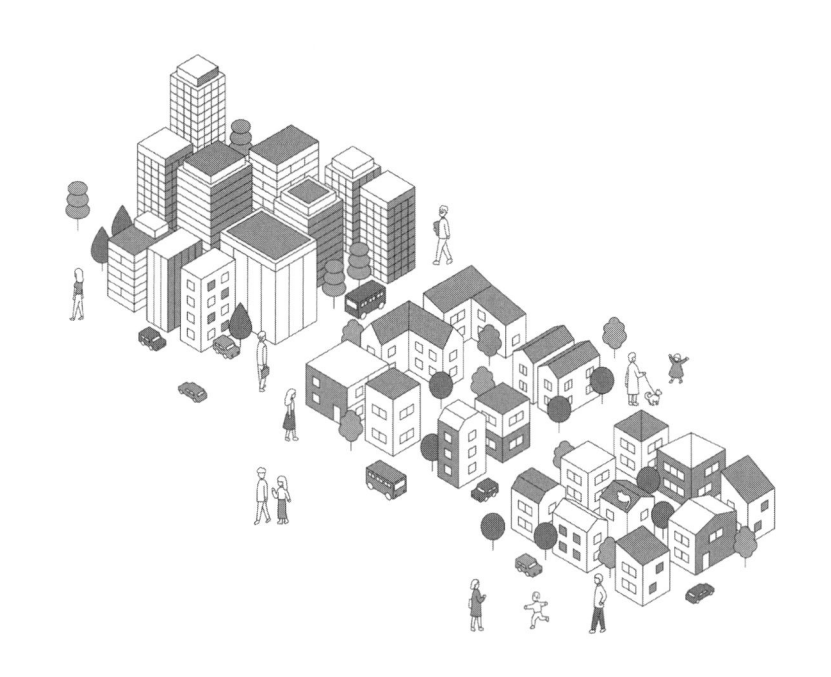

中国都市部の社区小地域における支援システム

網格長による地域住民に密着した支援

劉 鵬瑶

明石書店

はじめに

　本書は、2013年に中国で導入された社区網格化管理の仕組みと、その中核的役割を果たす「網格長」の支援活動を中心に、地域住民に密着した実践の現場を研究するものである。網格長が果たす役割を具体的に明らかにすることで、中国における地域づくりの新たな可能性を探ることを目的としている。

　著者は来日後、日本と中国の在宅サービスや地域福祉活動の比較研究に取り組む中で、両国の地域福祉における特徴的な仕組みとアプローチに注目した。日本では、コミュニティソーシャルワーカー（地域福祉コーディネーター）や民生委員といった役割が、住民間のつながりを強化し、フォーマルな支援とインフォーマルなネットワークの架け橋となる仕組みとして発展している。一方で、中国では近年、政府主導による社区治理の推進が進められてきたものの、住民同士の自治や助け合いの仕組みが十分に機能しているとは言い難い状況であった。

　2013年に導入された社区網格化管理の仕組みは、地域社会の課題に迅速に対応するための制度として、中央政府が全土で推進したものである。この仕組みは、地域を細かく区分（網格）し、それぞれに責任者である網格長を配置することで、草の根レベルで住民の生活を支えるものである。網格長は、小地域で住民の問題を迅速に把握する実践者として、日々の生活に深く関わる。その業務内容は、日本のコミュニティソーシャルワーカーや民生委員の役割と似通った部分があるものの、制度的背景や具体的な活動の実態については、これまで十分に研究されてこなかった。特に、網格長が住民との信頼関係をどのように築き、地域づくりにおいてどのような影響を及ぼしているのかといったミクロレベルの視点は、学術的に未開拓の分野である。

　このような背景のもと、著者は網格長の活動に焦点を当て、中国における地域づくりの方向性を実践の現場から明らかにすることを試みた。本研究では、

政策的背景や制度設計を解明するだけでなく、現場で住民と直接向き合う網格長自身の視点から、その役割や課題を多角的に分析する。さらに、日本の地域福祉の発展を参照し、異なる社会構造や文化的背景の中で社区網格化管理の仕組みと網格長の位置づけを考察することを目指している。

このような認識に基づいて、本書では以下のような手順で内容を展開する。

まず、序章では、中国における地域生活課題の多様化とその背景を整理し、社区という概念とその機能を概観した。それを踏まえ、小地域を基盤とした社区支援の必要性を明らかにするとともに、これまでの社区網格化管理の仕組みや網格長に関する先行研究を取り上げ、その研究成果を整理しながら専門用語の定義を明確にした。これにより、本研究が位置づけられる学術的背景と解決すべき課題を提示した。

次に、第1章と第2章では、社区支援体制の変遷及び小地域を基盤とした社区網格化管理の構築について検討を進める。具体的には、第1章では、中国の歴史・制度的視点から、新中国成立以降のコミュニティ政策の変遷を整理し、社区において管理と支援の両方が存在する理由を考察した。社会の変容と市場経済の導入により、住民ニーズが多様化し、従来型の管理モデルでは十分に対応できなくなった一方で、社区で進められている治理は、住民自治を目指す治理[1]モデルへと移行する過渡期にありながら、従来型の管理機能がなお社区に残されていることを明らかにした。

第2章では、政府文書を用いて社区網格化管理の仕組みの展開過程を三つの時期に分けて整理し、制度設計の特徴を分析した。その結果、社区網格化管理において行政機関の業務補助や地域管理業務が多く、住民支援の比重が小さい

---

1 「治理」とは、英語の「governance」に訳される概念であり、政府だけでなく、多様な集団や組織が相互に作用し、課題解決を図る仕組みを指す。日本では、「governance」を「共治」と訳す場合がある（武川2006:50）。本研究では、社区地域社会における支援の在り方を考察するにあたり、従来の政府主導型管理から多主体の協働を重視する方向性を示すために「治理」の概念を用いる。

ことが特徴として浮かび上がった。また、網格長の活動において地域管理業務が優先され、その役割の位置づけが曖昧であるという課題も明らかになった。

　第3章から第5章では、網格長の活動実態と住民支援の展開について多角的に分析した。第3章では、網格長が住民との関わりの中でどのようにニーズに対応しているかを明らかにするため、中国長春市B区で6名の網格長にインタビューを実施し、継続的比較分析法を用いて分析を行った。その結果、網格長は既存の社会資源では対応しきれない「隙間ニーズ」を発見し、それに対応していることが分かった。具体的には、網格長は一時的な困りごとへの対応を通じて住民との業務的関係を形成する一方、社会資源が不足する場面では住民と親身な関係を築き、支援活動を進める過程で住民からの協力を得るサイクルが形成されていることが明らかになった。このような関係性の中で、住民との協働が進む一方で、網格長にとっては重い負担となっている実態も浮かび上がった。

　第4章では、長春市B区の245名の網格長を対象に質問紙調査を行い、管理と支援に影響を与える要因を分析した。分析の結果、網格長の業務は年齢、勤務年数、担当世帯数、連携する社会資源の有無といった外部要因に左右されることが判明した。また、経験年数が増えるにつれ、住民の一時的な困りごとから、解決が難しい継続的な困りごとまで幅広く対応する傾向が見られた。さらに、モチベーションの源泉として、給料や担当世帯数などの外的要因だけでなく、住民との信頼関係に基づく協働関係といった内的要因が重要であることが明らかとなった。このような要因が網格長の継続的な支援活動の動機付けに寄与している。

　さらに、パス図を用いて、網格長と住民との関係形成に影響を与える要因を可視化した。その結果、「行政の補助」や「生活支援」が「住民との協働関係」を促進し、協働関係を築くことが「達成感」を生み出し、これがさらに「生活支援」の向上につながるプロセスが確認された。地域住民との顔見知り関係が協働の入り口となり、長年の経験を積むことで網格長が住民からの支持を得ながら業務を遂行している様子が明らかになった。

第5章では、網格長自身の語りを通じて、管理と支援という業務の二面性を
どのように捉えているかを質的分析法を用いて検討した。その結果、網格長は
自らを管理者ではなく、住民を支える支援者として位置づけており、実践にお
いては管理と支援を柔軟に使い分けていることが示された。

　最後に、第6章では、日本のコミュニティ政策の変遷を参照し、社区網格化
管理の仕組みと網格長の位置づけについて考察を加えた。中国と日本の社会構
造や制度の違いから厳密な比較は困難であるものの、孤立化の問題への対応や
多元的な支援主体の連携といった点において共通点が見出された。また、日本
のコミュニティソーシャルワーカーや民生委員の機能を参考に、社区網格化管
理を「ミクロ」「メゾ」「マクロ」の三つのレベルで捉え直すことで、網格長の
業務が地域管理に集中し、個別支援の役割が限定的であることが浮き彫りにな
った。

　本研究が中国の地域福祉の可能性を広げると同時に、日本や他国の福祉政策
への新たな視点を提供する契機となることを期待している。本書が多くの読者
に、地域社会の可能性とそれを支える人々の力に目を向けるきっかけとなれば
幸いである。

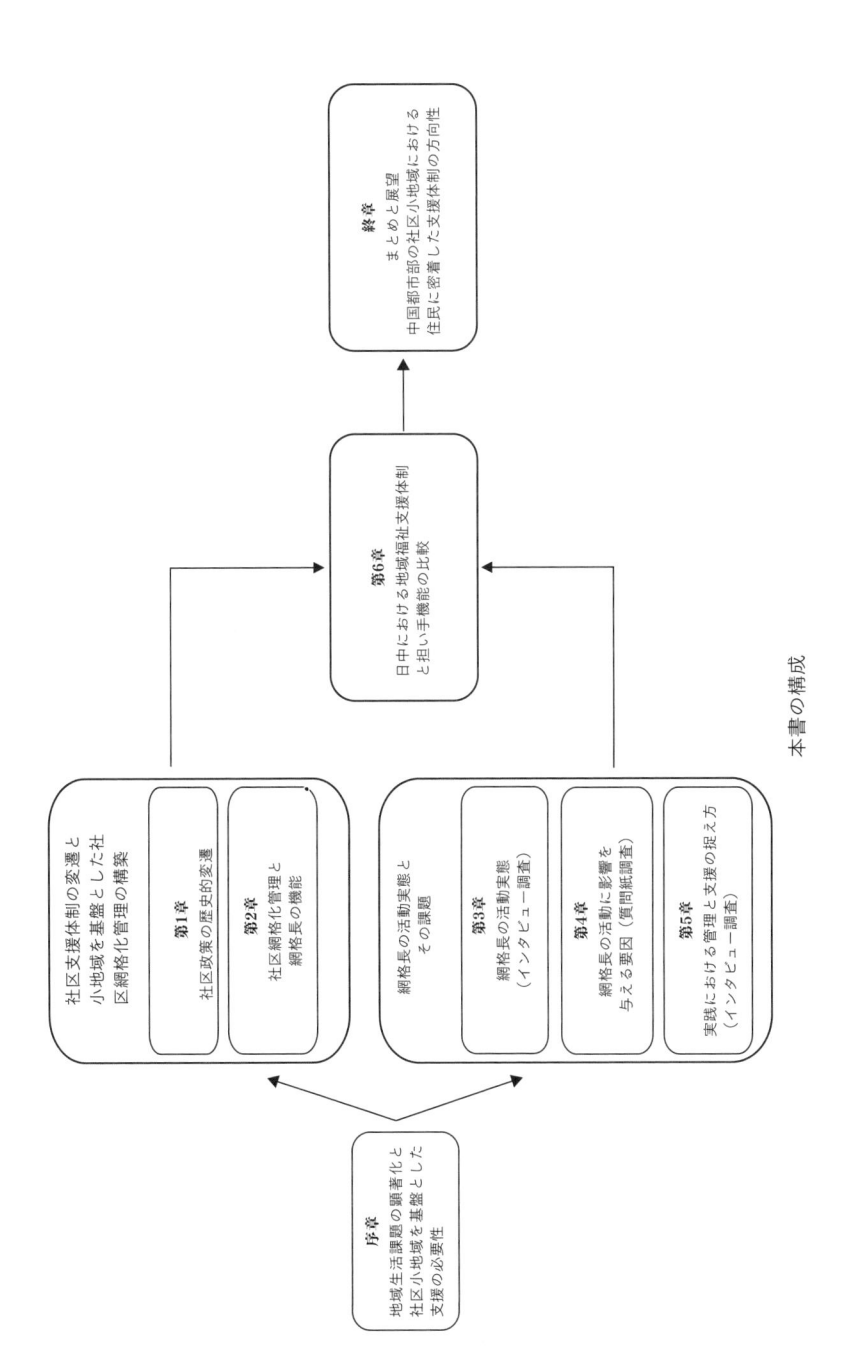

本書の構成

目　次

終　章　まとめと展望
——中国都市部の社区小地域における住民に密着した 支援体制の方向性

地域生活課題の顕著化と
社区小地域を基盤とした支援

1 都市部住民の地域生活課題の多様化

中国における改革開放は、経済成長と都市化をもたらし、国全体の繁栄を加速させた。これにより、数億人が貧困から脱却し、生活水準が向上したことは大きな成果である。しかし、急速な経済発展の裏で、都市部住民の生活環境や社会構造が大きく変容した。これに伴い、新たな生活課題も顕在化している。その課題は複雑であり、地域社会における生活課題は多様化の一途をたどっている。

まず、都市化の進展に伴い、農村から都市部への人口流入が加速し、都市部の人口密度が急激に増加している。都市部への人口集中は、都市インフラの逼迫、住宅価格の高騰、公共サービスの不足など、多くの課題を引き起こしている。同時に、移住者が多くを占める都市部では、従来の地縁的なコミュニティが解体され、地域社会のつながりが希薄化している。このような環境では、住民同士の信頼関係や相互扶助の精神が弱まり、地域社会における一体感が失われつつある。その結果、特に高齢者や若者などの社会的弱者が孤立するリスクが高まっている。

中国では、「空巣高齢者」と呼ばれる、子どもが近くに住んでいない、または一人で生活する高齢者の増加が大きな問題となっている。このような高齢者は、家族から支援を受けることが難しく、日常生活のサポートや感情的な支えが不足している。中華人民共和国中央人民政府が発表した『2021年度国家老齢事業発展公報』（2023）によると、2021年には中国の60歳以上の高齢者人口が2億6,736万人に達し、全人口の18.90％を占めるに至った。急速な高齢化の進行は、今後ますますその影響が拡大すると予測されており、社会保障や福祉サービスの充実が急務とされている。

また、一人っ子政策の影響により、「421」構造と呼ばれる家族構造が一般化している。これは、4人の祖父母、2人の両親、1人の子どもという形を指している。特に都市部では若者が職を求めて他の都市に移住するケースが増えている。これにより、高齢者は家族と一緒に生活する機会が減少し、子どもからの

サポートが得られにくくなっている。結果として、空巣高齢者が孤独を感じ、社会的な孤立が深刻化している。このような高齢者は、身体的な健康問題に加え、精神的な健康にも悪影響を受けることが多く、地域社会での支援の必要性がますます高まっている。

　さらに、都市化が進行する中で、伝統的な家族構造や地域コミュニティの変化が、社会全体に広がる孤立感を増幅させている。都市部においては、単身世帯が増加し、家族や地域社会とのつながりが希薄になる傾向が強まっている。特に若者にとって、地元を離れて新たな都市に移り住むことで、地域コミュニティとの結びつきが希薄化し、孤独感や孤立感が増している。また、情報技術の急速な普及により、人々はオンライン上でのコミュニケーションに依存するようになり、対面での交流機会が減少していることも、地域社会における人間関係の希薄化を助長している。

　これらの社会課題は、単に個々の住民の問題にとどまらず、地域社会全体に広範な影響をもたらしている。都市化に伴う人口集中やコミュニティの解体、家族構造の変化といった要因が複雑に絡み合い、住民の孤立を深刻化させている現状に対処するためには、地域社会における支援体制の強化が不可欠である。特に、孤立化が進む住民に対して、適切な支援を迅速に提供し、彼らが安心して生活できる環境を整えることが喫緊の課題である。

　地域社会の中での相互扶助やコミュニティの結束力を強化するためには、社区という基盤的な単位が重要な役割を果たすべきである。社区は、住民のニーズを把握し、彼らが直面する課題に柔軟かつ迅速に対応するための中核的な存在である。具体的には、社区内での定期的な交流イベントの開催や、住民同士の相互扶助を促進するプログラムの実施が求められる。また、高齢者や若者に対する具体的な支援として、訪問支援やキャリア支援プログラムの提供、さらには地域全体の安全を確保するための防犯活動の強化などが考えられる。

　これらの施策を通じて、地域社会における孤立を防ぎ、住民が安心して暮らせる社会を実現する仕組みの構築が求められている。中国社会が抱える複雑な課題に対処するためには、地域社会全体での連携が不可欠であり、社区がその

中心的な役割を担うことが期待されている。社区小地域を基盤とした支援の強化は、今後の中国社会の安定と持続可能な発展に向けた重要な課題であり、政策的な取り組みが求められるだろう。

2　社区を基盤とした生活支援の提供における課題

2-1　社区の概念

　社区の概念は、ドイツの社会学者フェルディナント・トンニース（Ferdinand Tonnies, 1855-1936）によって初めて提案された。彼は1887年に発表された著作『共同体と社会』において、「コミュニティ」という言葉を初めて使用し、それを共同体及び親密な仲間関係を指す概念として位置づけた。この概念は、個々の人々が共通の目的や価値観に基づいて形成する親密な社会的結びつき、すなわち「自然発生的な共同体」として理解される。トンニースの理論は、工業化が進む19世紀末のヨーロッパにおいて、伝統的な共同体が失われつつある現象を説明し、現代におけるコミュニティ概念の基盤を提供した。

　中国において、この「コミュニティ」の概念は、特に現代の社会構造と都市化の進展において大きな影響を受けてきた。1930年代初め、中国の著名な社会学者である費孝通は、トンニースの『共同体と社会』を中国語に翻訳する際に、「コミュニティ」を「社区」と訳した。この「社区」という用語は、中国社会において独自の発展を遂げ、特に都市化が急速に進む中で、社会的、文化的、空間的な多様性を反映する重要な概念として定着している。

　中国における「社区」の概念は、単なるコミュニティの訳語以上の意義を持つ。特に、現代中国において「社区」は、都市化や住宅制度の改革、国家の社会ガバナンス戦略など、多くの要因と密接に関連して発展してきた。2000年11月3日に中国国家民政部が発行した『全国の都市部社区建設の推進に関する民政部の意見』において、「社区」は「一定の地域内に居住する人々が形成する社会的な生活共同体」として公式に定義された。この文書では、社区は単なる物理的な場所ではなく、住民の生活、社会的交流、文化的つながりを含む広

範な意味を持つとされている。

　中国において、「社区」という概念は、「自然社区」と「建設社区」が絡み合いながら発展してきたものである（王2023: 354）。王（2023: 354-356）によると、「自然社区」とは、自然発生的に形成された社群生活空間を指し、例えば村落のように長い歴史の中で住民が自然に集まり、共同生活を営んできた地域を指す。この「自然社区」は、社会的結びつきが強く、住民同士の信頼関係や協力が深いという特徴を持つ。一方で、現代都市において「自然社区」に該当するものとしては、都市の集合住宅や住宅団地が挙げられるが、これらは必ずしも強い社会的結びつきを持たない大規模な「疎遠な集団」であり、住民同士のつながりが希薄である場合が多い。

　一方、「建設社区」とは、国家の制度的枠組みによって規定されており、住民に対して行政的な指導やサービスを提供する役割を担っている。このように、「社区」は国家が設定した行政単位であり、国家の社会ガバナンス戦略の一環として整備された。建設社区の主な機能は、公共サービスの提供と社会管理である。住民自治を掲げながらも、その実態は高度に行政化されており、住民の自主的なコミュニティ形成や自治活動が限られていることが多い。

　特に、都市化が進む中で、住宅小区が住民の主要な生活空間となり、これが事実上の「自然社区」として機能しているが、これらはしばしば複数の自然社区を包含する建設社区に統合されることが多い。こうした構造は、国家のガバナンスニーズと住民の生活ニーズとの間に緊張をもたらし、社区の社会的共同体形成に課題を生じさせている。

　中国の社区は、社会的、歴史的、文化的背景を反映しながら独自の発展を遂げており、国情に基づく「中国式社区」としての特徴を有している。趙ら（2015: 2-13）は中国の社区について、次の4つの特徴を挙げている。

　第一に、社区地域に住む住民が社区の主体であり、それによって相対的に安定した人的資源が維持されている点である。これにより、社区内の住民が一体となって地域社会を形成し、地域の安定性と持続可能性が確保されている。また、住民間の信頼関係や協力が強化され、地域の社会的結束力が高まること

で、地域全体の発展が促進される。

　第二に、社区内での住環境、衛生、文化活動、教育、治安、地域参加などにおける住民間の相互作用関係が強調されている点である。社区は、住民が日常生活を送る場であり、住民間の交流や協力が日々の生活を豊かにし、地域社会の活力を生み出している。このような相互作用は、住民の社会的資本を形成し、地域全体の生活の質を向上させる重要な要素となっている。

　第三に、文化的な連帯感と帰属感を引き起こす、共通の利益と社会的階層による住民間の文化的つながりの役割を果たしている点である。社区内の文化的つながりは、住民同士の絆を深め、地域社会の一体感を醸成するものである。この文化的連帯感は、地域社会のアイデンティティを形成し、住民の地域への愛着や帰属意識を高めることで、地域全体の調和と安定に寄与している。

　第四に、地域共同体と地縁関係の特性を備えている点である。中国の社区は、歴史的に強い地縁関係に基づいて形成されており、これが地域社会の基盤となっている。地域共同体としての社区は、住民の生活を支え、相互扶助の精神に基づく協力関係を築いている。

　これにより、社区は単なる地理的な単位ではなく、住民の生活と密接に結びついた社会的な空間として機能している。

　さらに、王（2023: 14-21）は「中国式社区」の独自性を強調するために、次の四つの次元から考察している。

　第一に、空間的次元である。社区は都市空間の再編と住宅制度改革に密接に関連しており、住宅小区の空間形態が社区の社会的性質を決定づけている。例えば、商品房小区と呼ばれる住宅区域は、社区の主要な空間的基盤となっており、その内部における多様な住環境が社区の社会的特性を形作っている。

　第二に、社会的次元である。中国の都市社区では、高密度居住による大規模な住民集団が形成されており、これが住民間の交流や隣人関係に影響を与えている。特に、住民間の相互作用が浅層化し、隣人関係が複雑化する現象が見られるが、これにより住民は新たな形での共生方法を模索する必要性が生じている。

　第三に、構造的次元である。社区の治理では、複数の主体が関与しており、それぞれが異なる役割を担いながら相互に補完し合う構造が形成されている。この構造は、単一の主体に依存するのではなく、多様な主体が協力することで成り立っている点が特徴である。この構造は、社区の社会的安定と持続可能な発展を支える重要な要素であり、地域社会のガバナンスを効果的に進めるための基盤となっている。

　第四に、制度的次元である。社区と街道（行政区画）が一体となって都市基層ガバナンスを構成し、その関係が不可分である点である。街道は社区に対して行政的な指導や支援を行い、社区はこれを基に住民へのサービスを提供する。このような分業と協力の関係が、街居ガバナンス共同体としての形態を形成しており、都市部の社会管理や公共サービスの提供において重要な役割を果たしている。

　以上のように、「社区」の概念は、中国の特定の国情に基づいた多層的な要素から成り立っており、その社会的、空間的、構造的、制度的特性が相互に関係し合いながら、社区の独自性を形成しているのである。社区は、単なる地理的な空間ではなく、住民の生活、社会的交流、文化的つながりを包括する包括的な生活共同体であり、その役割と意義は、現代中国における都市化や社会発展と深く関わっているのである。

2-2　社区の機能

　社区の機能は、「政治的機能」、「経済的機能」、「社会的管理機能」、「支援機能」、「参加機能」の5つに大別される（趙ら2015: 1-8; 王2023: 60-80）。これらの機能は、社区が住民の生活の質を向上させ、社会全体の安定と発展を支えるために不可欠であり、それぞれが相互に補完し合いながら機能している。

①政治的機能
　社区の政治的機能には、主に以下の3点が挙げられる。

　第一に、社区は住民が政治的権利を行使する場として機能する。具体的に

は、住民は選挙権と監督権を享受し、選挙や監督を通じて社会政治生活に参加することができる。これにより、住民は自らの意思を反映させる機会を持ち、民主的なプロセスを通じて地域社会に対する影響力を発揮することが可能である。社区内での選挙活動や政治参加は、住民の政治意識を高め、地域社会の政治的安定化を保つ重要な役割を果たしている。

第二に、社区自治組織は、住民の代わりに、政府が合法的な行政を執行しているかどうかを監督する役割を担う。これは、社区自治組織が地方政府と住民の間の橋渡しとして機能することを意味し、政府の政策や施策が住民の利益に適合しているかどうかを監察する責任がある。社区自治組織は、住民の声を政府に届けるだけでなく、政府の施策が適切に実施されているかをチェックすることで、地域社会の透明性と公正性を保つ役割を果たしている。

第三に、社区の管理は、党と政府の指導のもとで行われる法的な自治管理である。社区自治組織のレベルは、「小さな政府、大きな社会」の政府改革目標の主要な指標の一つであり、政府の役割を縮小し、地域社会が自主的に運営されることを目指している。このような社区自治の実現は、地域社会の自律性を高め、住民が自らの手で問題を解決する力を養うことに寄与している。

②経済的機能

社区の経済的機能は、住民の日常生活に密接に関連しており、生活、分配、交換、消費に関する機能が含まれる。

具体的には、社区は住民の衣食住に関する基本的な生活必需品とサービスを提供し、地域社会の経済活動を支える役割を果たしている。社区内には、工場、店舗、ホテル、レストラン、第三次産業など、さまざまな経済組織が存在し、これらが住民に対して生産、流通、消費、娯楽、文化などのサービスを提供している。これにより、住民は社区内で必要な生活物資を入手できるだけでなく、雇用機会も提供されるため、地域経済が活性化する。

また、社区は地域経済の持続可能な発展を支える基盤としても機能している。経済的な安定は、住民の生活の質に直結しており、社区の経済活動が活発

であることは、住民の福祉向上にも寄与する。特に、小規模なビジネスや地元産業の振興を通じて、社区内での経済循環を促進することが重要であり、これが地域社会全体の繁栄につながる。

③社会的管理機能

　社区の社会的管理機能は、地域社会の秩序維持や社会問題の解決、社会的な対立や紛争の解消に寄与する機能である。

　社区は、地域社会の秩序を維持し、住民が安全で安心して暮らせる環境を整えるために重要な役割を担っている。具体的には、社区は治安の維持、公共の安全確保、防犯活動の実施、さらには災害時の対応など、多岐にわたる社会的管理機能を果たしている。また、社区は社会問題や対立が発生した際に、それらを迅速かつ適切に解決するための調整役を務める。例えば、住民間の紛争やトラブルを解決するために、社区組織の職員が仲裁や調停を行うこともある。

　さらに、社区は社会的弱者や脆弱なグループに対して特別な配慮を行い、彼らが地域社会から孤立しないように支援する。これには、高齢者や障がい者、貧困層などに対する支援が含まれ、社区が彼らの生活をサポートするための仕組みを提供することが求められている。

④支援機能

　社区の支援機能は、社会保護と福祉の提供を通じて、住民の日常生活のニーズを満たす役割を果たしている。この機能は、住民が安心して生活できるように、さまざまな支援サービスを提供することを目的としている。

　中国全土で社区支援センターが設立されており、これらのセンターでは健康保険、職業紹介、図書館、家政サービス、救助センターなど、幅広いサービスが提供されている。これにより、住民は必要な時に必要な支援を受けることができ、生活の質が向上する。また、社区は住民に対してさまざまなサービスを提供し、生活全般を支援している。例えば、家族間のトラブルや住民の意見が対立している時の調停、地域住民の生活困窮者への緊急支援、さらには地域の

安全確保や就労支援、住民同士が交流できる文化活動の企画などが含まれる。

　さらに、社区の支援機能は、住民が直面する多様な課題を解決するために、社区内外の資源を活用することによっても発揮される。例えば、社区内には各種ボランティアサービスチームが存在し、これらのチームが専門知識や経験を活かして住民を支援する。ボランティア活動は、住民間の結束を強化し、地域社会全体の連帯感を高める効果もある。

⑤参加機能

　社区の参加機能は、住民に対して経済、政治、教育、福祉など、さまざまな分野の活動に参加する機会を提供する機能である。

　社区は、住民同士の相互交流と協力を促進し、住民が地域社会に対してより強い認識と帰属感を持つことができるように働きかけている。これにより、住民は地域社会の一員としての自覚を持ち、地域全体の発展に寄与する意識が高まる。例えば、社区内での文化活動やスポーツイベント、教育プログラムなど、住民が積極的に参加できる活動が企画されており、これが住民の社会参加を促進する役割を果たしている。

　さらに、社区は住民の自主的な活動を支援し、彼らが自らの生活環境を改善するための行動を促進する。住民がコミュニティに積極的に関与することで、地域社会全体が活気づき、住民間の連帯感や協力関係が強化される。これにより、社区は地域社会の安定と持続可能な発展を支える重要な機能を果たしている。

2-3　生活支援の提供における課題

　中国において、1989年に導入された住民自治組織としての「社区」を基盤とする「社区建設」は、従来の画一的なトップダウン型の管理方式に対する改革の一環として実施された。これにより、地域住民の多様なニーズに対応し、より草の根レベルでの生活支援が求められるようになった。しかし、この移行過程において、複合的な課題が浮き彫りとなっており、社区が地域住民のニー

ズに十分応えられていない現状が指摘されている。その結果、社区では、より住民に密着した対応が求められることになり、積極的に住民のニーズを発見することと、ニーズを資源につなぐことが地域づくりの緊急課題となった。その際、先行研究（張2014: 166；王2016: 8；呉2020: 89）を概観すると、次の三つの問題を指摘できる。

　一つ目の問題は、従来の管理方式が残されている点である。

　中国では、21世紀に入ってから流動化する社会を安定化させるため、それまでの中央集権的な社会管理から、社区を中心とし、草の根レベルで住民の多元的なニーズに対応する社区治理への移行が課題になった。

　治理の仕組みにおける行政と社区の関係は、社区治理の中核をなす問題であった。長い間、研究者たちは社区治理の合理化を求めてきた。それは、地域社会の負担を軽減し、深刻な行政課題に対処するためである。先行研究によると、社区治理では、政府と社区の関係が不明確で、社区が草の根レベルの政府の事実上の下部組織になっていることが多い。これはまた、地域社会における管理的、官僚的、形式的な問題を生みがちで、住民ニーズに焦点を当て、地域社会での支援の有効性を向上させることにつながらない。

　第19期中央委員会第4回全体会議（2019）[1]では、社会治理の重心を草の根地域による自治に移行させることが明確に提案された。これにより、地域の公共資源が集まり、制度的な影響が強化される一方で、地域社会の自主的な力が十分発揮されず、社区治理における主体間のバランスが崩れる懸念がある。その結果、住民が主体的に参加する仕組みが弱まり、公共治理が地域づくりや住民生活と乖離する可能性が指摘されている。こうした状況では、政治や文化面の役割が強調される一方で、社会生活を支える機能が低下する傾向がある。

　上記のようなジレンマがあるため、実践事例の徹底的な分析に基づき、制度的メカニズムの革新という意味での制度設計を行うことが求められている。

　二つ目の問題は生活支援よりも行政補助が優先される現状である。

1　中国共産党第19期中央委員会第4回全体会議（2019）の内容をもとに記述した。

住民の問題解決と住民への支援提供を中心とすることは、社区治理の重要な点であるが、生活支援よりも社区運営や行政の補助が重視される傾向にある。これは、社区が政府の下部組織として機能する結果、住民の生活支援が二の次にされがちであることに起因している。

　例えば、社区は住民の生活環境を向上させるための重要な役割を担っているはずだが、実際には行政の指示に従う形での業務が優先されることが多い。このような状況では、地域住民の多様なニーズに対応するための具体的な支援が十分に提供されず、住民の生活の質が向上しない。これにより、社区は住民にとって信頼できる支援の拠点としての役割を十分に果たせていない。また、行政補助が優先されることで、社区職員の資源が限られ、住民への直接的な支援に割ける時間やエネルギーが不足する問題も生じている。

　社区が真に住民のニーズに応えるためには、行政の補助に頼るのではなく、住民の生活支援を最優先に据える体制が必要である。これには、社区が自主的に地域社会の課題を把握し、住民との対話を通じて効果的な支援を提供することが求められる。また、住民の意見やニーズを反映させた地域づくりが進められることで、住民が社区に対して信頼を持ち、積極的に協力する姿勢が育まれる。

　三つ目の問題は、デジタル化とICT情報システムの活用の課題である。デジタル化の進展に伴い、ICT情報システムを活用して社区支援を提供する取り組みが注目されている。しかし、これらの取り組みはまだ発展途上にあり、さまざまな課題が残されている。特に、地域住民の多様なニーズに対応するための資源統合が不十分であり、ICT技術を駆使した支援の質と効率が限定的であることが問題となっている。

　ICT技術を活用することで、社区は住民の生活状況や福祉サービスの利用状況を効果的に把握し、迅速に対応することが可能となる。しかし、現実には、地域ごとにシステムの導入や運用状況が異なり、統一された情報管理や支援体制の構築が不十分である。さらに、ICTシステムを効果的に活用するためのインフラ整備や、社区職員のデジタルリテラシー向上も不十分であり、これが住

民への支援の質を低下させている。

　上記の課題に対処するため、社区ではより住民に密着した対応が求められている。具体的には、住民のニーズを積極的に発見し、それらを地域の資源と結びつけることが地域づくりの緊急課題となっている。この対応を実現するために、社区をさらに小地域に分割し、ニーズの詳細な把握と管理を行う取り組みが進められている。

　具体的には、葉（2019: 4）、段（2020: 43-46）によると、社区を細分化して管理することが、複合的な住民の課題に対応するために有効であるとされている。これにより、住民一人ひとりのニーズに即した支援が可能となり、地域全体の問題解決に寄与する。また、情報技術を用いて小地域から住民に関する情報を収集し、生活状況や福祉サービスの利用状況を的確に把握することも重要である。これにより、住民に対する支援の質と効率が向上し、地域社会の活性化が促進される。

　さらに、地域を活性化させるためには、住民の互助活動を促進し、地域社会の連帯感を強化する取り組みが求められている。例えば、社区内でのボランティア活動や、地域イベントの開催など、住民が積極的に参加できる活動が推進されている。これにより、地域社会の結束力が高まり、住民同士の支援ネットワークが強化される。

　2013年から中央政府は、これまでの政府中心の管理システムから、多主体の地域参加を前提とした「社区治理」を推進してきた。この一環として、社区網格化管理の仕組みが導入され、社区をさらに細分化した網格（小地域）を設け、その地域の担当者である網格長が住民情報管理システムを活用し、住民の日常的な課題やニーズに対応する体制が整備された。網格長は社区で勤務する職員であり、地域住民にとって身近な存在として、日常的な支援活動を行うことで、地域社会の安定と発展に寄与している。

　このような網格化管理の導入により、社区は住民に密着した支援を提供するための体制を強化し、地域住民の多様なニーズに応じた柔軟な対応が可能となっている。これにより、社区が真に住民の生活を支える役割を果たし、地域社

会の持続可能な発展に貢献することが期待されている。

3 社区小地域を基盤とした支援の必要性

　網格長は社区網格化管理の仕組みの第一線に立ち、住民のニーズを政府や関係機関に報告し、政府の方針や公的サービスの情報などを住民に伝えるという橋渡し役として位置づけられている（陳 2015: 8）。この役割を担うため、網格長は住民のもとへ足を運び、アウトリーチを通して常に地域の情報を把握している。

　社区治理の手段である社区網格化管理の仕組みにおける管理とは、地域秩序や生活環境を管理するということであり、その一環として住民の支援を行っている。具体的には、鄭ら（2005: 4）は、住民を中心として、政府と党の指導（政策立案と実施の保証）のもと、情報技術を用いて情報を収集し、社区、社会組織、住民の共同参加によって、公的な生活環境の維持、防災、地域の安全を確保することであると整理した。そのためここで言う管理とは、住民の個々の生活を網格長が管理するというものではない。

　複合的な課題が顕在化し、制度外にまで広がった問題が地域で潜在化しやすくなってきた状況で、積極的にアウトリーチしていく網格長のような住民と多主体とを調整する職員が必要となったといえる。さらに、2020年から始まったCOVID-19 の流行は、既成の社会秩序をあらゆる面で揺るがしている中で、情報技術を活用した社区網格化管理の仕組みと網格長の活動は大きな役割を果たしていることが認識されている。

　社区網格化管理制度においては「管理」という用語が用いられているが、後に述べるように、この制度はまた「社区治理」に関する政策の中でも用いられており、ここでは、「管理」とともに「支援」の用語も重要である。一般に、管理という語は、統制の意味合いを持ち、住民自治と対立するものと認識される。中国のコミュニティ政策の変遷からみると、管理は新中国の時代から今日に至るまで頻繁に登場する語であるが、社会問題の歴史的変化とともに、管理

という語の統制の意味が薄れ、生活環境の整備という意味合いが強くなってきた。

　この変化について陳（2015: 7）は、「社会の安定を図ることを優先して実施してきた管理の意味から、住民の幅広い課題を解決する支援の意味に転換した」と述べた。もちろん、住民への支援といっても、管理的な要素が全くなくなるのではないが、統制の時代の「管理」と治理の時代の「管理」とは、その内容が大きく変化している。

　社会治理の理念が導入されてからも、社会管理という概念が引き続き使われたが、内容はより社会支援に向けられている。社会治理の概念は、コントロールや支配に基づくものではなく、さまざまな支援主体の調整による地域づくりに基づくものである（王2020: 8）。

　社会治理における「管理」の意味は住民の支援をすることを前提として、兪（2020: 22）は、①法律や法規に基づく住民の生活環境の整備、②住民のニーズの満足という2点を提示した。治理は統制と大きく異なる。最も重要な点について、王（2020: 10）は「統制には統制者と非統制者、管理には管理者と被管理者がいるのに対し、社会治理ではすべての地域の関係者が社会治理の主体となり、治理の対象は社会公共事務である」としている。統制と治理の区別について、張（2014: 155）は、「統制が国家権力の強制力に依存し、管理が規則の拘束力に依存するのに対し、治理はより柔軟で複数のアプローチを併用し、複数の参加者の交渉による共同行動を重視する」と述べた。もちろん、管理と治理は関係があり、治理のプロセスには管理の要素も含まれている。この管理は、社会の健全かつ秩序ある運営、公平かつ公正な社会環境、平等かつバランスのとれた社会公共サービスなどを確保することである。

　以上のように、社会治理と社区治理では引き続き「管理」という言葉が使われているが、その意味は大きく変わってきている。治理における「管理」の意味は、住民を中心として、政府と党の指導（政策立案と実施の保証）のもと、情報技術を通じて、情報を収集し、複数の主体が地域づくりに加入し、地域及び住民の問題を速やかに発見し、解決することであると考えられる。

つまり、治理の対象は、人ではなく、地域の公共事務である。それは、住民の生活環境と秩序を維持することである。治理の目的は、社区、社会組織、住民の共同参加によって、公的な生活環境の維持、防災、地域の安全確保、住民間の対立の解決、住民へのサービス提供のための資源の統合、住民の問題の解決にある。

このような地域における「統制」から「支援」への転換は中国独自のものではない。日中のコミュニティ政策の発展を検討した南（2021: 119）は、「両国とも歴史的経緯や具体的な内容は異なるものの、福祉国家的な国家のあり方、それに沿った統制体制から転換したことは共通している」と指摘した。政治体制や社会構造からみると、中国が日本と異なるところがあるにもかかわらず、社会の課題と対応方法は類似する点がみられる。

4　先行研究のまとめ

中国都市部の社区住民に密着した網格化管理の仕組みと網格長に関する研究動向をみるため、中国最大のデータベース「中国知網」（CNKI）を用いて、「社区網格化」と「網格員」／「網格長」をキーワードとして 2022 年 3 月の時点で検索を行った。

論文検索の手順としては、第一に、キーワードをそれぞれデータベースに入力し、「キーワード」と「タイトル」による検索を行った。

第二に、重複している論文と新聞の記事を除外した上で統合した。

以上の手順を踏まえ、統合した「社区網格化」に関する論文は358本であり、「網格員」／「網格長」に関する論文は60本である。社区網格化管理の仕組みの研究と実践者の網格員／網格長に関する研究を概観し、研究動向を論文数の概観、研究テーマ別の検討、研究方法別の検討という項目を用いて分析を行う。

4-1　論文数の概観

（1）「社区網格化管理」に関する論文数の概観

「社区網格化管理」のキーワードの年度別の論文数（図0-1）をみると、2004年から研究がはじまり、2010年から論文数が増え続け、2013年から一気に増加し、2015年にピークを迎え、2022年も増加傾向にあった。この背景として、2004年から、北京市東城区が初めて社区網格化管理の仕組みを実施し、これ以降、社区網格化の仕組みに関する研究が開始された。また、2013年、中国共産党第18期中央委員会第3回全体会議で「改革の全面的深化」が採択され、全面的改革の一般的目的の一つとして、治理能力の近代化を推進することが提案され、社区治理と社区網格化管理制度の実施が本格的に進むようになったため、2013年から網格化管理と網格長に関する研究が注目されてきた。

また、2019年に「中国共産党第19期中央委員会第4回全体会議」（以下、「19期会議」）が開催され、「19期会議」によると「社会組織などの役割を十分に発揮し、政府治理、社会参加、住民自治の積極的相互作用を実現する」ことが掲げられている。

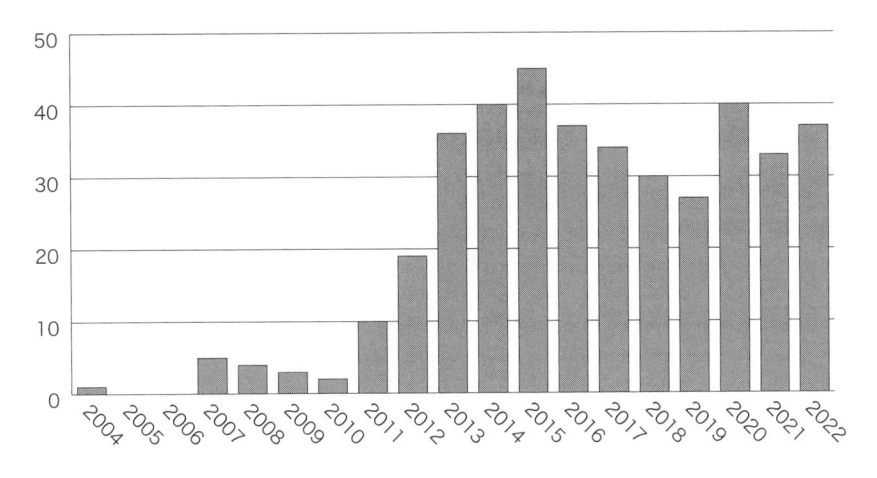

図0-1　年度別の「社区網格化管理」に関する論文数
出典：データベース「中国知網」（CNKI）に基づき筆者作成

ここでは、住民中心の社会治理の革新思想がより重視され、社会治理における住民の主権的地位、権益、主体性の精神が強化され、共同建設、共同管理、共有の社会治理パターンの構築は、現在及び将来の中国における社会治理の発展と革新のための新たな目標であり、要求であるとされた。これらのことから、社区治理における網格化管理制度及び網格長による支援に関する研究が増えていると考えられる。

　また、2020年のはじめから、COVID-19の流行によって、小地域で網格長の活動と社区網格化の仕組みは改めて大衆に認識され、それに関する研究も注目されている。

（2）「網格員」／「網格長」に関する論文数の概観

　「網格員」／「網格長」をキーワードとする年度別の論文数（図0-2）をみると、最初の研究は2011年に始まり、その後、論文数は増加したものの、全体として少ない傾向があった。2019年になってから急に論文数が増え始め、2020年にピークを迎えた。

　「網格員」／「網格長」に関する論文数は「社区網格化管理」の論文数と比べ、数が少ない。また、網格化管理の仕組みに関する研究は2004年に始まったにもかかわらず、「網格員」／「網格長」に焦点を当てた研究は2011年から始まったばかりで、開始時期も遅かった。

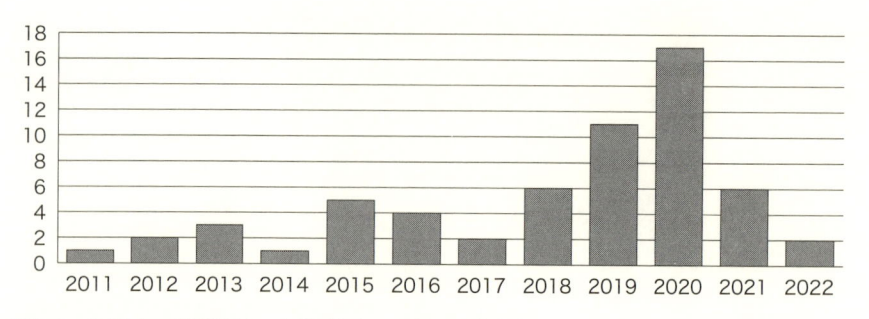

図0-2　年度別の「網格員」／「網格長」に関する論文数
出典：データベース「中国知網」（CNKI）に基づき筆者作成

　したがって、2004年から2018年までの研究動向は、仕組みの展開の現状、課題、展開の方向性に焦点を当てており、仕組みの実践者である網格長は注目されていないことがみられた。そして、網格長の実践が広く注目されるようになったのは、2019年末から2020年初頭のCOVID-19流行の影響からである。

　このように、社区網格化管理の仕組みの制度／政策のレベルに関する研究は蓄積されたが、網格長に焦点を当てた研究はあまり蓄積されていないと考えられる。

4-2　研究テーマ別の検討

　筆者は、研究テーマの分類に即して全論文を通読し、「社区網格化」と「網格員」／「網格長」のキーワードをテーマ別で整理した（図0-3）・（図0-4）。

　著者は「社区網格化」のキーワードの336本の全論文を通読し、タイトル、キーワード及び内容を基に①「都市化と網格化」、②「情報技術と制度革新」、③「展開の現状、課題と制度の革新」、④「支援機能の向上」、⑤「COVID-19のような公共危機への対応」、⑥「党／政府の指導と網格化」、⑦「文献整理」という7つの研究テーマに分類した。

　まず、論文数について、「展開の現状、課題と制度の革新」が一番多く160本であった。そして、「情報技術と制度革新」が59本、「支援機能の向上」が51本、「都市化と網格化」が28本、「COVID-19のような公共危機への対応」が20本、「党／政府の指導と網格化」が16本、「文献整理」が2本であった。

　次に、分類した7つの研究テーマごとに論文の研究内容についてのレビューを行う。

　先行研究の「都市化と網格化」に関する論文の内容としては、地域を網格化するのは地理的空間の分割を意味することが強調されていた。つまり、都市空間を科学的に分割することで、地域の組織、都市管理事項、行政サービスをそれぞれ網格に統合する。これによって、他の主体に資源を共有できるようになったことが明らかになった。

　「情報技術と制度革新」に関する論文の内容としては、地域を網格化するに

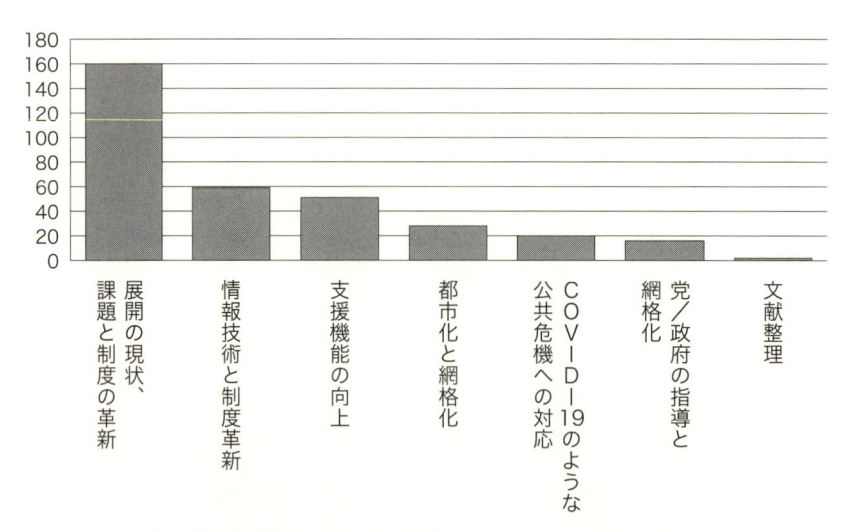

図0-3 テーマ別の「社区網格化」に関する論文数
出典：データベース「中国知網」（CNKI）に基づき筆者作成

あたって、コンピュータ技術分野の「網格」（グリッド）の概念に基づいて提唱されることが説明された。その核となるのは、ICT情報プラットフォームや技術によって、網格の資源などを調整し、共有することとされていた。

　「展開の現状、課題と制度の革新」に関する論文の内容としては、社区網格化管理の仕組みは、「政府－街道－社区」という本来の3層管理構造の上に、「草の根」という階層を加え、従来型の行政管理の傾向を強めていると論じていた。さらに、草の根地域の秩序と安定を維持することに重点を置いているため、住民への支援が重視されていないと指摘され、さらに地域住民の自治に影響を与えると述べられていた。一方、政府主導の従来型の管理方式と社区網格化による治理方式と比べて、社区網格化管理の仕組みによって、住民のニーズを把握することができ、住民に支援するという社会的目的を達成するために役に立つことが明らかになった。

　「支援機能の向上」に関する論文の内容としては、網格化管理の仕組みを導入しても、従来の管理モデルが残っているため、住民に提供されるサービスの

質や住民自治に影響を及ぼしているとされた。そこで、社区網格化管理の仕組みが行政業務の大半を担っていること、機能が明確でないことなどにより、住民の問題解決に結びつかないという主な問題点が指摘された。また、先行研究では、支援機能を高めるために、社区網格化管理の仕組みの実施方法を調整すること、責任と機能を明確にすること、制度政策を改めて策定することについて論じられていた。

　「COVID-19のような公共危機への対応」に関する論文の内容としては、中国の各地域がそれぞれどのような実践を行ったのかが紹介され、社区網格化管理の仕組みは、災害の時にどのように役割を果たすのかについて論じられていた。また、火災や疫病などの災害時には、小地域での情報技術を利用して、困っている住民の居場所を特定し、助け出すことができるという利点が提示された。

　「党／政府の指導と網格化」に関する論文の内容としては、先行研究では、各地域の党員がどのように社会奉仕に携わり、模範となっているかをまとめている。例えば、ある地域では党員がボランティアとして地域貢献活動に携わり、またある地域では党員が社区の職員を兼務し、住民サービスを提供する。さらに、先行研究では、党の関連の活動が地域でどのように行われているかなど、具体的な内容もまとめられている。

　「文献整理」に関する論文の内容としては、社区網格化管理の仕組みの導入に関連する研究が分析・整理され、実践的な研究の不足を指摘されている。

　「網格員」／「網格長」のキーワードをテーマ別で整理し、図0-4に示した。

　「網格員」／「網格長」のキーワードの67本の論文に関して、筆者は全論文を通読し、タイトル、キーワード及び内容を基に「機能・位置づけ・課題」、「人材育成」、「党建における役割」、「COVID-19のような公共危機への対応」という4つのテーマに分類した。その中で、「機能・位置づけ・課題」が一番多く40本であった。次は「人材育成」が16本、「党建における役割」が4本、「COVID-19のような公共危機への対応」が7本であった。

　分類した4つの研究テーマごとに論文の研究内容についてのレビューを行

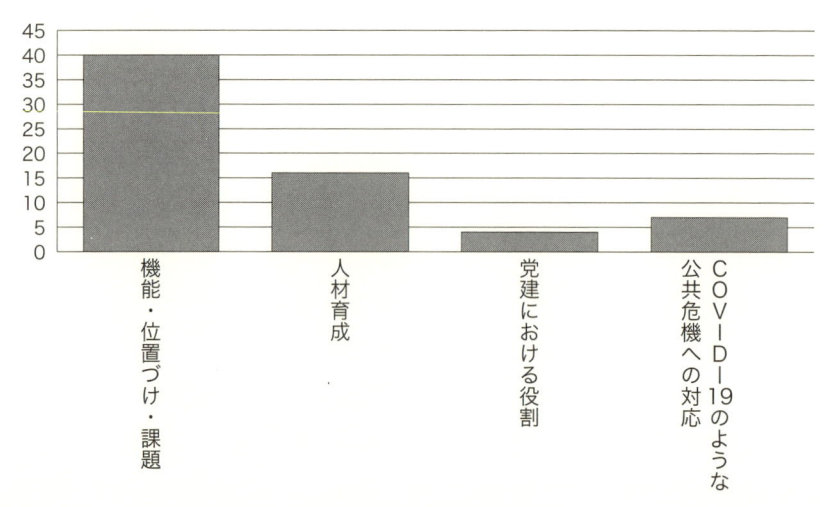

図0-4 テーマ別の「網格員」／「網格長」に関する論文数
出典：データベース「中国知網」（CNKI）に基づき筆者作成

う。

「機能・位置づけ・課題」に関する論文の内容としては、網格長と行政機関、居民委員リーダーとの関係について検討されている。ここでは、網格長は行政の職員として位置づけるのか、または社区の職員として位置づけるのかについての課題が指摘され、行政の補助と情報伝達が十分に機能すべきという論調が多くみられた。論文の課題については、網格長は幅広く仕事を行うことで、行政機関と多主体との間で情報共有する役割、住民の情報とニーズを把握する役割を果たしていることが指摘されていた。また、網格長は「過重労働」の現状がある。その仕事量は給与に見合わないという現実は無視できないとされ、対策の提案も検討している。さらに、網格長は社区網格化管理の仕組みの中核的な実践者であり、重要な役割を果たしているが、低い給与、高いストレスということは社区治理にも影響しているという指摘がある。

「人材育成」に関する論文の内容としては、網格長は、住民への支援に対して重要な役割を持っていると認識され、住民と関わる過程で、専門的なアプローチで住民の問題を解決していく必要があると強調されていた。そこでは、網

格長の専門性の向上と評価システムの変更の方向性が検討されていた。

「党建における役割」に関する論文の内容としては、網格長は定期的に党の活動に参加する必要があるとされ、文献では、党の思想の指導を通じて、どのように活動を行い、どのように網格長を育成するかという内容がまとめられている。

「COVID-19のような公共危機への対応」に関する論文の内容としては火災や疫病などの災害時に、網格長がどのように住民と連絡を取り、資源を調整してサービスを提供するかが、各地域の実践状況を踏まえて解説されている。また、先行研究によると、網格長は、情報を素早く入手し、住民の問題を素早く解決し、資源を素早く調整する機能を果たしていることが示されている。また、大規模災害時には、網格長が住民の自宅を訪問し、物資を届け、安心させるというサービス機能を発揮することが文献から示唆されている。

4-3　研究方法別の検討

全体に、文献分析をした結果、これらの論文では、社区網格化の概念の提起、社区網格化の仕組みの実施、国際的な位置づけについて論じられていた。また、網格長の仕事の負担が多く、職務と責任が不明確であるという課題の指摘がなされたり、網格長に対する給料や仕事の満足度についての質問紙調査をした研究もあった。

4-4　先行研究を踏まえた本研究の課題

これまで、述べてきたような社区網格化管理の仕組みの展開と網格長の活動に関する研究動向をまとめた上で、先行研究で明確化できていないことを以下の3点にまとめた。

第一に、これまでの先行研究では、社区網格化管理の理論的な検討と制度実施に焦点が当てられており、社区網格化管理の仕組みには従来型の管理機能が残され、支援よりも管理を重視し、住民の問題がうまく解決できず、地域の活性化に影響を与えるという指摘がなされた。しかし、なぜこのような現状があ

るのかについて、歴史的発展の観点から検討されていない。「管理」という言葉が頻繁に出てきたが、社区網格化管理の仕組みの導入における「管理」の捉え方が明確に示されていない。

第二に、社区網格化管理の仕組みの実践者である網格長に関する研究は近年始まったばかりで、蓄積が少ない。先行研究では、管理と支援の機能を両方とも持っている網格長は仕事量が多く、職務が不明確という課題が指摘されている。また、人材の育成、仕事環境の整備に関する理論分析に重点が置かれているが、網格長に焦点を当てて実践における支援実態を深く掘り下げる研究論文がない。そのため、網格長が実践において、どのように支援を提供しているか、どのように位置づけられるのかが明らかになっていない。

第三に、分析の方法からみると、文献分析と質問紙調査が多い。網格長を対象とする質問紙調査は仕事に対する満足度の聞き取りにとどまっており、インタビュー調査の結果が掘り下げられていない。

以上の問題設定を踏まえ、本論では以下の3つの視点を採用する。

研究対象は社区網格化管理の仕組みの実践者である網格長に焦点を当てる。

研究内容は、社区網格化管理の仕組みの展開における実践としてのアウトリーチ活動を通じた住民支援に着目する。

研究方法は文献分析、網格長を対象とするインタビュー調査と質問紙調査を併用する。

5 用語の説明

5-1 網格と社区網格化

「網格」（grid）という言葉は、パワーグリッド（power grid）に由来している。網格という概念は1990年代半ばに登場したもので、インターネット上に構築された新興技術を表すコンピュータ用語として使われていた。趙（2013: 66）は網格の用語について、「もともとは、インターネットを利用して地理的に分散したリソースを全体に接続し、最大限の情報共有を実現するというイン

ターネット上に構築された新興技術を表すコンピュータ用語だった」と説明している。

　その後「網格」はコンピュータ用語として使われなくなり、井（2013: 102）によれば網格の概念は「デジタルと情報ベースの手段を用いて、社区地域をさらに分割した小地域の範囲で、責任者を設けて、都市情報プラットフォームを通じて、都市の連携と資源の共有を実現するために使用されるようになった」と述べた。

　本論文の「社区網格化管理」とは、都市部社区地域をさらに個々の「小地域」に分割し、その小エリアを単位として、ICT情報プラットフォームを使って、多主体による生活環境の管理や住民への支援をすることである。

5-2　網格長と網格員

　「城郷社区網格員工作規範」[2]では、社区網格化管理の仕組みの実行者かつ網格の地域責任者は「網格員」と記載されている。地域資源などの地域格差によって、各地域の実践における網格地域の責任者の名称も違う。網格地域で一人の責任者のほかに、網格内の事務に協力する数名のスタッフを配置する。網格の責任者は「網格長」であり、協力スタッフは「網格員」である。それに対して、網格地域で一人の責任者がすべての網格の業務を担当する場合もある。その責任者は、「網格長」または「網格員」の名称が使われる。

　本論文の研究対象者は網格の責任者であり、網格の業務に協力するスタッフではない。さらに、本論文が実施した長春市B地区の調査では、網格地域の責任者は「網格長」と呼ばれる。そのため、本論文では、網格の責任者を「網格長」に統一する。第2章で、社区網格化管理の仕組みに関する国の規制が紹介されるときだけ、「網格員」の名称を使って、説明する。

2　筆者が日本語に訳した。

6 本書の目的

本書では、前節で述べた背景を踏まえ、以下の5点について検討する。

第一に、中国のコミュニティ政策の変遷を踏まえて、管理と支援の政策的な変化を明らかにする。その上で、現在の社区治理実現の手段である社区網格化管理の仕組みにおいて管理と支援の両方が存在する理由を考察する。

第二に、社区網格化管理の仕組みの発展過程、必要性、課題及び網格長の職務について明らかにして、網格長の制度上の位置づけを検討する。

第三に、網格長の活動に焦点を当て、管理と支援の二重の機能を有する網格長の活動の実態を明らかにする。その上で、その活動実態に影響を及ぼす要因を明らかにする。さらに、網格長自身の語りから実践における管理と支援に対する捉え方法を明らかにする。

第四に、日本のコミュニティ政策の変遷を参照し、社区網格化管理の仕組みと網格長の位置づけを特徴づける。

第五に、以上の研究結果を踏まえて、実践レベルにおける社区網格化管理の仕組みと網格長の位置づけを再度考察し、今後の中国の都市部社区における住民に密着した支援の展開に向けての課題と留意点を提示し、日本の同様な取り組みについての論点を述べる。

7 研究の方法

研究目的を達成するために以下のような方法を用いた。

7-1 文献研究

行政文書と先行研究を用いて、社区網格化管理の仕組みと網格長の歴史的位置づけを分析し、社区網格化管理の仕組みの実施と網格長の活動の現状と課題を明確にした。

7-2　インタビュー調査

実践レベルにおいて、網格長による住民への関わりのプロセスの特性と、社区における住民のニーズへの対応方法を明らかにするために、網格長へのインタビュー調査を行い、グレーザーによる継続的比較分析法の手順に従って分析した。また、網格長の実践における管理と支援の業務がどのように捉えられているのかについて、インタビュー調査を行い、佐藤郁哉の質的分析法の手順に従って分析した。

7-3　質問紙調査

文献研究と第3章でのインタビュー調査から得られた網格長の活動の実態をもとに、業務の負担が重い状態におかれる網格長について、活動に影響を与える要因、網格長のモチベーションに影響を与える要因、網格長と住民との関係形成に影響を与える要因について、質問紙調査を実施し分析した。

8　研究の意義

第一に、これまでの地域福祉の担い手による住民への支援の提供に関する実証研究を補充する。今後、住民が住み慣れた地域で暮らし続けるためには、住民と行政サービスをつなぐ網格長の支援が非常に重要である。しかし、多くの研究者が指摘しているように、地域住民に密着した支援の担い手である網格長に関する実証研究は極めて少ない。また、日本の地域福祉の研究では、中国の地域福祉に関する研究は社区のレベルに限られ、小地域に出向いての住民へ支援の提供に関する実証研究はない。そのため、本論は中国と日本の地域福祉の研究分野に関する実証研究を補充するという点で意義がある。

第二に、実証研究の乏しい網格長の活動実態を明らかにするために適切なリサーチ方法を用いたことである。これまでの先行研究では、網格長を対象とするインタビュー調査の表面的な記述にとどまっている。そのため、網格長による社区地域住民への実態を明確化するリサーチプロセスが不明である。本論で

は、網格長を対象としてインタビュー調査を行い、それに基づき質問紙調査を行った。その意味で、本論は草の根レベルにおける実践を、調査から得られたエビデンスをもとに実証したといえる。それは、理論研究と実証研究が乖離することが多い中国研究界において大きな意義があると考えられる。

　第三に、管理と支援は、中国におけるコミュニティ政策の歴史的発展の過程で頻繁に登場した概念である。現在、地域社会の取り組みの中心は住民への支援であるため、管理の概念がどのように理解され、実践における管理がどのように反映され、コミュニティ支援にどのような影響を与えるかを明確にすることは、中国の地域支援の現状を明らかにするだけでなく、今後の研究の方向性を示すものであると考えられる。このことは、今後の国際比較研究や、日本の研究者が中国における管理と支援の概念を理解するための示唆となると考えられる。

第1章

社区地域住民に密着した
コミュニティ政策の変遷

1　本章の目的

中国の第13期中央委員会第3回全体会議（2013年）では、ICT情報技術による社会治理と小地域まで支援を届ける社区網格化管理の仕組みが提案された。

現在、中国の社区で住民に最も身近な支援を提供しているのは、社区網格化管理の仕組みにおける網格長の活動である。しかし、先行研究の分析によって、管理と支援の両方が地域に共存することは社区の自治を妨害し、地域活性化につながらない可能性があるとされた。さらに、住民の課題もうまく解決できず、職務が不明確であるという課題もあった。「社区網格化管理」の仕組みにおいて、「網格化」の後に「管理」という用語が含まれている。では、社区治理における「管理」と「支援」はどのように理解すればよいのだろうか。

この点について本章では、行政文書など文献の分析を通じて、社会統制段階から社会治理段階への変遷過程とその特徴を提示する。また、社会統制段階における従来型社会管理と社会管理の概念、社会治理における治理の概念を整理する。

本章では、歴史・制度の視点から、新中国から現在に至るまでのコミュニティ政策の変遷を整理する。その上で、社区地域における管理と支援が両方とも存在する理由を考察する。さらに、日本のコミュニティ政策の変遷を参照し、社区網格化管理の仕組みと網格長の位置づけを明らかにする。

2　社会統制段階（1949年〜2000年）

2-1　新中国成立による居民委員会の設立（1949年〜1957年）

（1）最初の居民委員会の設立

新中国建国以前は、国民党が都市の基層の組織を担当しており、1934年に国民党政府は全省市で「保甲制」を設け、10戸で1甲、10甲で1保、3保以上で共同の管理事務室を配置した（明 2021: 21）。「保甲制」の主な業務につい

て、高ら（2003: 24）は「戸籍の管理、寄付金の配分、革命活動の監視であった」とした。

　保甲制度が持つ意義について、沈（2014: 231）は「中国では家族制度とともに地域共同体による問題解決機能が長く存在していた。地縁、血縁のまとまりによって地域社会が成り立つのは一般的であった。その後、こうした自然発生的、自生的な地域社会を管理するために、保甲制度が発達し、末端社会を支配する上で、警察、納税、相互扶助、相互監視などについて活用された。特に、連帯責任を持たせる制度は効果ある方法である」と説明した。

　1949年の新中国建国後、中国共産党は旧体制の「保甲」制度を廃止し、街道、居民委員会を基層の統制単位とする基層地域の統制制度を再構築した。当時、街道に関する認識について、沈（2014: 205）は「街道は行政の派出機関として、一般住民に向けての日常業務を担うものであり、行政と住民の間の媒介としての役割を果たす」ことを述べた。

　1949年10月23日、杭州市上城区上陽市街の住民代表が、投票により、新中国初の居民委員会のメンバーを選出した（陳 2008: 3）。居民委員会のメンバーは選挙で選ばれ、その活動には政府から資金が提供されている。1954年12月31日、全国人民代表大会常務委員会で「城市居民委員会組織条例」が採択され、居民委員会の範囲、業務、責任、役割について、次のように規定された。

　　居民委員会の地区の範囲は、住民の生活状況に応じ、公安戸籍課の管轄を参考に、概ね100人から600人の範囲で設定する。居民委員会の費用について、居民委員会の公費及び居民委員のメンバーの生活費は、中央政府直轄の省及び市の人民委員会が配分し、内務部が決定する（1955年12月21日、内務部及び財政部は共同で、居民委員会の費用は中央政府直轄の省、自治区及び市の人民政府が配分し、地方予算の郷里行政費に計上すると明記した文書を発表した）。 居民委員会の業務は、住民の公共福祉に関する事項を処理すること、住民の意見と要求を地方人民委員会またはその派遣機関に反映すること、住民を動員して政治裁判所の呼びかけに応じ、法律を遵守させること、集団保安業務を指導するこ

と、住民間の紛争を調停することである。

1956年には、居民委員会の設立作業が基本的に完了した。当初、居民委員会の統治機能について、高ら（2003: 97）は「居民委員会は大量の行政業務・大衆運動（80％）、日常業務（福祉、殉職者福祉、文化、教育、保健、調停、公安など）（20％）を担当した」とした。

その後、政府は「治安管理処罰条例」を制定し、農村部と都市部の住民の移動を制限するための戸籍制度を規定した。この政策の実施にあたっては、居民委員会が主な担い手となった。当時の居民委員会の役割について、沈（2014: 206）は「住民の生活を支援するというよりも住民を監視し、政治政策を宣伝し、浸透させることを優先しなければならなかった」と説明した。

このように、この段階の居民委員会の機能は主に統制に集中し、住民を中心とする支援の考えがないことがみられた。さらに、住民の自治的な相互扶助が制限された一方で、国家統治の一環として行政救済の民政救済の範囲が拡大された（沈2014: 206-207）。

(2) 最初の居民委員会の崩壊

文化大革命の初期、いくつかの都市の居民委員会には軍隊に似た組織形態が採用された。具体的には、中隊、小隊、分隊があり、中隊には隣組長の代わりに主任と副中隊長が配置され、その規模は1〜2隣組と同等であった。その後、居民委員会は「革命委員会」に取って代わられ、階級闘争と思想統制が主な機能となり、社会事業や治安維持の機能は麻痺する傾向が生じた（陳1999: 33）。

このように、居民委員会は住民の監視、告発を行った。その後、居民委員会は住民の信頼を完全に失い、崩壊することになった。崩壊の原因について、沈（2014: 207）は「地域における政治支配、住民監視にあった」ことを指摘した。

2-2　「単位制」社会の形成（1960年〜1980年前半）

　居民委員会が崩壊した後、「単位制」と「街道」・新しい「居民委員会」の組織が、基層社会の主な管理形態になった。「単位」とは、病院、食堂、幼稚園、野菜畑、美容院、銭湯などを備えた小規模な共同体のことで、共同体の機能をすべて網羅し、都市部の人々が所属する組織である。単位は社会的統合の役割を果たすが、政治体制への依存度も高く、政権の延長線上にあったと言われる。

　都市は「単位」によって管理され、企業や機関はすべてのレベルの政府に従属し、都市の構成員は各単位に従属する。単位の特徴について、徐（2002: 32）は「自己完結型であり、構成員のあらゆる事項を引き受ける」と述べた。

　単位の組織に所属しない住民の管理は「街道」と「居民委員会」が担当した。「中華人民共和国都市居民委員会組織条例」（1954）によると、都市における街道住民の組織と活動を強化し、住民の公共福祉を向上させるため、全ての市においては、人民委員会またはその派出機関の指導の下、居住地域ごとに居民委員会を設立することができる。居民委員会は、自治的な住民組織である。国、単位、個人との関係を図1-1にまとめた。

　「単位制」では、すべての構成員が補給制の対象であった。これについて、華（2000: 10）は「1953年、当時労働者階級以外の路上人口がまだ60％を占める都市もあったが、『三大改造』と『大躍進』運動後には、単位制以外に雇用されている住民はほとんどいなくなった」と述べた。

　「単位制」社会は、「街道」や「居民委員会」と

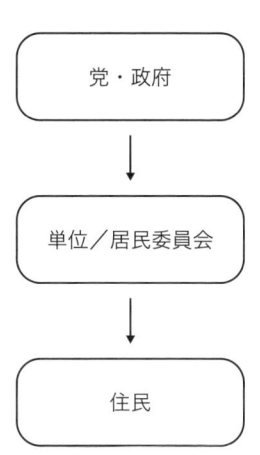

図1-1　国、単位、個人との関係

出典：筆者作成

1　「人民委員」という名称は、1950年代初期の中国における地方行政機関に用いられたものであり、現在の地方政府に相当する。「人民委員会」は地方各級人民代表大会の常設執行機関として、地方行政を担っていた。

は異なり、政治的機能と社会的機能を両方とももっていた。政治的機能について、沈（2014: 208）は「共産党が各単位の党支部を通して単位所属者を管理し、政治運動に際しては対象動員の場となることを指す」と述べ、社会的機能については、「単位は所属者に給与を支給するのみならず、医療、年金、住宅、社会福祉サービスなどを報酬の一部として供与し、また所属の家族の福利厚生や冠婚葬祭の面倒もみなければならなかった」と説明した（沈2014: 208）。

2-3 「単位制」から「社区建設」・「社区服務」へ（1980年代後半 〜2000年）

「単位制」には人的依存関係の特徴があるため、1990年代に入ると、自由競争を理念とした市場経済改革の下で、すぐに機能できなくなり、「単位福祉」時代の幕を閉じた。効率化が要求される市場経済の深化に伴い、単位福祉の維持が困難となり、新たな社会システムが求められるようになった。そこで、中央政府は新たな基層社会管理システムとして、政府の出先機関である「街道弁事処」と住民組織である「社区」を担い手として、「社区建設」（コミュニティオーガニゼーション）を積極的に推進するようになった。

第7期全国人民代表大会常務委員会では「中華人民共和国都市住民委員会組織法」（1989年12月26日）が採択され、1990年1月1日に施行された。同法では、「社区居民委員会[2]は、自己管理、自己教育、自己服務[3]の基層住民自治組織」と規定されている。基層地域の統制制度である「単位制」に代わるものとして、社区を基盤とする「街−居」[4]制度が導入された。

国は、居民委員会を全体に導入することを目指し、1990年代半ば以降、社区管理に対応した改革を行った。「街−居」制度が地域を管理する主要な仕組

---

2 社区居民委員会とは、住民自身による自己管理及び公益事業の展開を目的とした住民の自治組織を指す。

3 住民自身が主体となって問題を解決すること。

4 「街−居」制度とは、街道が居民委員会を直接にリードする制度を指す。

みとなり、社区に関する、その後のすべての改革はこれを中心として展開された。

中国共産党第14回代表大会（1992）では、社会主義市場経済体制の目標が明確にされ、中国の市場化の進展が加速した。市場化は、公有制による「全面的な管理」という伝統的なモデルを打ち破った。これによって「単位制」以外の就業者の増加や、草の根社会への社会課題の圧力は、草の根の管理に対する改革が急務であることを浮き彫りにした。

政府が主導した社区建設の登場の動因について、先行研究（沈2014：張2014：呉2020：雷2017：李2016）を概観すると、以下の5点が挙げられる。

第一に、資源の配分方法が変わり、終身雇用の理念が崩れた。

「中国統計摘要」（2000）の統計データによると、民間経済は1980年代後半から本格化し、1992年以降急速に増加したことを示した。

「中国統計摘要」（2000: 37）では「1999年までに、都市の非公有経済単位（個人、私営企業、合資協同組合単位、合弁単位、有限責任会社、株式会社、香港・マカオ・台湾商人の投資単位、外資系単位）の従業員数は1億730万人に達し、都市労働人口の半分（51.06％）を超えた。この比率は、2006年には59.4％に増加すると予想される」と記載されている。

「単位制」以外の雇用者が多いということは、多くの社会的機能を果たす新しい主体が育っていかなければならないことを意味する。また、草の根レベルの地域において、住民間の対立が顕著であった。社会の構成員の利益、要求、民主意識の多様化に伴い、多くの矛盾が都市の草の根の地域に集中した。このように「単位」から離れた人々を受け入れる居場所として社区を作りあげる必要があった。

第二に、1980年代中期以来、経済成長が最優先課題となった結果、貧富格差が拡大した。

第三に、国有企業の改革は、企業の社会的機能の分離を促進すると同時に、大量の解雇者を地域社会に押し出した。

1990年代半ばから始まった国有企業改革により、単位制のもとで行われて

いた多くの社会機能が地域社会に押し出され、改革の中で多くの単位が倒産・リストラされた結果、多くの解雇者が地域社会に入り込むことになった。楊（2007: 18）は国有企業の人員削減について、「1993年以降、国有企業の「人員削減・効率化」改革により、大量の解雇者が発生し、年平均40％以上の伸びを記録した。2001年末には、国内の解雇者数は300万人に上った。2001年末には、全国の解雇者総数が1870万人に達した」と述べた。

第四に、住宅の商業化改革は、多くの新しい型の社区を生み出し、社区の種類や関心を多様化させた。国務院より「都市住宅制度改革の深化に関する決定」（1994年）が出され、住宅の商業化が主要方針となった。国務院は「都市住宅制度改革の一層の深化と住宅建設の加速に関する通知」（1994年）を発することで、中国の都市部において住宅の「商業化」の時代が始まった。

その後の不動産ブームには波があり、住宅価格の高騰を背景に民間住宅を追い求める人が増え、1997年には全国の商業用住宅販売に占める個人購入の割合が54.5％に達し、その後も不動産保有率は上昇の一途をたどっている。

住宅の商業化に対する改革について、夏（2003: 116）は「都市住民の利益が自分たちの住む地域社会と密接に結びつき、住宅所有者は地域社会を自分たちが一生懸命世話しなければならない家だと真に考えるようになった初めての例につながった」と述べた。

住宅の市場化や不動産管理の拡大とともに、多くの社区で不動産に関する紛争や不動産所有者の権利の擁護が見られ、草の根管理の既成パターンを打破し、社区管理に新しい異質な要素を持ち込んでいる。市場経済は計画経済以来、それまでの管理システムに影響を与え、異なる集団、異なる利益、異なる行動様式が都市の草の根レベルで集中的に現れ、確立されたシステムが対処できる範囲を大きく超えてしまった。しかし、公務を処理する権限は市役所に集中し、直接問題に直面する街頭事務所や町内会には「責任はあるが権限はない」というのが現状である。そのため、都市の草の根の管理の改革と草の根組織の力の強化が、社会問題に対処するための新しい選択肢となった。

第五に、都市化の進化により多くの課題が生まれることになった。国家統計

局は、改革開放後、中国では都市化が加速し、都市化率は1978年の17.92％から1984年には23.01％、1993年には28.14％、2000年には36.22％に上昇したことを示した。1990年代、中国の都市人口は年平均1,587万3,000人増加した。歴史を振り返ると、急速に都市化が進み、社会階層が充実する時代には、社会的な対立が頻発することが分かる。そのため、都市に多くの人々が流入することで、さまざまな要求や利害による摩擦が発生し、社会サービスや社会の安定に対する圧力が高まる。

　このような背景から、1991年、民政部は社区建設の実施を打ち出した。その中で「社区建設は都市の草の根の権力組織の機能を向上、完成、発揮させる具体策であり、確立への道である」と指摘した。これは「小さな政府、大きな社会」を確立するための基本プロジェクトである。

　以上の検討を踏まえ、「単位制」から社区への転換の流れについて、図1-2に示した。

　単位制の段階では、政府は単位と街道弁事処を通じて住民を管理した。そして、市場経済化などの原因で、単位制の機能が弱まった。単位制から社区地域を通じてのサービスへと変化した。

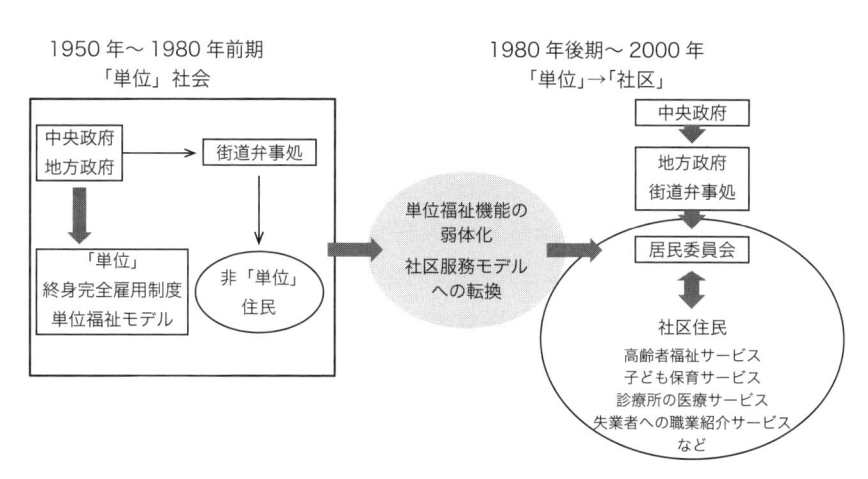

図1-2「単位制」から社区への転換
出典：邵2011に基づき筆者作成

このように、居民委員会が末端自治組織としての社会福祉サービスの提供主体として位置づけられた。また、法律によると、社区地域の日常業務は、主任、副主任、委員の計5～9名によって担当され、居民委員が民主的な選挙を経て任命された。この社区居民委員会が1950年代の居民委員会と異なるところについて、沈（2014: 211）は「民主的な選挙を行うことや正式なポスト枠を作るといった特徴」であると述べた。居民委員会は都市における行政の末端（街道弁事処）と一般居民の間にあって、特別で重要な位置づけを持っている。居民委員会は法律に定められており、社区に唯一あって、全体の居民の利益の代表と称する社区組織のことである。

一方、居民委員会は長年で形成してきた国家との密接な関係によって、非政府組織でありながら国家に信頼されている。法律上、居民委員会は独立の居民自治組織であると定めている。しかし、中国都市管理において重要な役割を果たしているため、居民委員会は過去の長い間、国家の都市社区管理の道具として使われていて特別な位置づけとなり、法律と現実のギャップに直面していると考えられる。つまり、居民委員会はサンドイッチの中身のように、一般居民と街道弁事処に挟まれている。結果として、社区の居民に責任を負う一方、国家意思に従わなければならないというジレンマが生じた。

3　社会統制の段階から社会治理の段階へ（2000年～2012年）

3-1　社会建設の推進

2000年以降、中国の経済生産力は世界第6位から第2位に躍進し、社会生産性、経済力、科学技術力は大幅に向上した。人々のＳ生活水準、国民の所得水準、社会保障水準は大きく改善され、総合的な国力、国際競争力、国際影響力は飛躍的に向上し、国の様相は一変した。

この新たな歴史的変化を遂げた段階で、中国共産党と国家は、改革開放と社会主義の現代化を引き続き推進した。2000年11月、党中央弁公庁と国務院弁公庁が「都市部社区建設を全国的に推進することに関する民政部の意見」を発

表し、「社区服務」と「社区建設」（コミュニティオーガニゼーション）を推進すると表明した。そして、全面的に中程度の豊かな社会を建設するという目標を達成するために、「社会建設」を全体計画に組み込んだ総合計画を作成した。この目的は生活サービスの提供を地域の総合開発につなげることである（沈 2014: 217）。

さらに、「民政部関与全国推進城市建設的意見」（2000年）では、21都市26地区で「社区建設実験区」を立ち上げ、「全国社区建設実験区実施計画」を打ち出し、都市の草の根の管理システムの改革と社会主義市場経済システムに適合した社区建設管理システム及び運営メカニズムの育成・確立を提案した。

社会建設の推進にあたって、党と国は「人民生活の向上を重視した社会建設の加速」と「調和のとれた社会主義社会の建設と社会管理の革新の強化」という一般方針を掲げ、「党委員会の指導の下、政府が責任を持ち、社会調整と社会革新を行う社会主義社会」を築くことを明確に打ち出した。社会管理制度改革の目標として、党委員会の指導の下、政府の責任、社会の調整、国民の参加を伴う社会管理制度の構築を明確に提示した。

2000年から2012年にかけて、調和のとれた社会の構築を目指す中国の社会建設の主な特徴は、一方では社会事業や社会組織の建設、他方では政府機能の転換や都市と農村の統合的発展の促進といった制度的建設にある。2007年の中国共産党の第17回代表大会では、「社会建設」に対して、「人々の生活向上を中心とした社会建設を加速させる」必要性が強調された。また、教育、雇用、所得分配、社会保障、医療、社会管理など、社会建設の主要分野における具体的な目標や課題も提案された。このように、社会建設が社会主義近代化の全体的な枠組みに組み込まれたことで、経済建設が社会建設を牽引し、社会建設が経済建設に従属するという以前の状況が変わった。社会建設と社会管理は、調和のとれた社会主義社会を構築するための重要な要素となっている。

この間、国民の生活水準は大幅に向上し、全国の公共サービスの水準は新たな段階に達したとみられた。義務教育費が免除され、都市部と農村部で義務教育の無償化が実現したこと、医療・保健の改革が加速し、都市部と農村部をカ

バーする基礎医療・保健制度が確立したこと、都市において低価格住宅制度が設けられ、低価格住宅制度の改善と標準化が進んだこと、都市部でホームレス・物乞いの人々を支援する制度、農村部で暮らす人々に支援制度を設けたこと、などがその例である。社会建設の一環として「社会管理」が含まれ、主に社会保障管理、浮動人口管理、社会的対立の解決などの積極的な探求に重点を置いている。

この段階の社会管理は、社会秩序の維持と社会保障の確保を目的として、社会的主体、社会関係、社会保障の管理を重視していることがみられた。

3-2 政府機能の「管理者」から「支援者」への転換

2007年の中国共産党の第17回代表大会では、「服務型政府」（支援の提供を中心とする政府）の構築を目標に掲げ、政府の社会管理・公共サービス機能を重視し、政府の治理理念が「管理者」から「支援者」へと転換された。

政府の「管理者」から「支援者」への変化について、先行研究（王2020;明ら2021;劉2018）を概観すると、政府の管理方式の再構築だけでなく、次のような政府の機能や構造、管理方法などの変化も伴っているという特徴がみられた。

まず、「政府中心」から「国民中心」へ、「権力の主体」から「責任の主体」へ、「トップダウン」の一方的な行政から、政府主導の「協議・交流・複数主体による共同協議」への変化である。政府機能の転換に焦点を当てた行政改革は、政府、市場、社会の関係に対する深い理解と調整であり、経済社会の変化の基本要件に適応するための必然的選択であり、中国の伝統的な政府管理モデルの根本的変化を示すものである。

また、社会組織の展開は政府の機能を「支援者」に変更した（明ら2021: 40）。

改革開放前後の頃、社会組織は社会の発展を不安定にする要因とみなされることが多く、「非政府」であることを「反政府」と解釈する人さえ少なからずいた。そのため、その管理においては厳しい統制を志向することが多かった。

しかし、社会主義市場経済の確立、特に21世紀に入ってからの経済社会の発展、社会管理の革新の必要性から、社会組織は数が増加するとともに、政治、社会、経済の各分野で積極的な役割を果たすようになった。

さらに、多様な公共サービスに対する国民の要求の高まりや、行政機能の転換を中心とした行政制度の改革により、公共サービスや社会建設の管理体制にさまざまな社会組織が積極的に参加することが急務となっている。地方レベルでは、政府が購入するサービスの内容や基準を明確化し、それに基づいてサービスの提供を適切に進めている。社会組織の発展と成長は、「党委員会による指導、政府による責任、社会的調整、国民の参加」という社会管理パターンの構築において非常に重要な力となり、中国の多様な主体が協調して参加する社会治理を形成する基礎となった。

4　社会治理における社区治理の展開（2013年～現在）

4-1　社会治理の概要

2012年以降、中国は「中国の特色ある社会主義」の新時代に入り、経済の持続的成長と発展を遂げてきた。その結果、中国のGDPは世界第2位に達し、国際社会における影響力が一層強まった。しかしながら、この急速な経済発展の一方で、社会において新たな課題が浮上するようになった。特に、第18期（2013年）及び第19期共産党全国大会（2019年）では、「人民の生活向上のニーズの高まり」と「不均衡で不十分な発展」といった問題が明確にされ、これが現代中国における大きな社会問題として認識された。

このような状況を背景に、中国共産党中央委員会は2013年に開催された第3回全体会議において、従来使用されていた「社会管理」という用語を「社会治理」に正式に変更することを決定した。この変更は、単なる社会管理から、より包括的で柔軟なガバナンスへの移行を象徴するものであった。また、第19回共産党大会では、全面深化改革の全体目的として、中国の特色ある社会主義体制の改善と発展、さらには国家治理体制とその能力の推進が掲げられ、「社

会主義体制の現代化」を強く訴えた。これにより、社会治理は国家の発展に不可欠な要素として位置づけられ、その強化と革新が急務であるとされた。

　特に注目すべきは、中国共産党第19期中央委員会第4回全体会議における決議である。この会議では、社会治理が国家治理の重要な側面であり、社会の安定と持続可能な発展を実現するためには、社会治理の強化と革新が不可欠であると強調された。さらに、草の根レベルでの社会治理を強化し、政府による統治、社会の多様な主体による積極的な参加、そして住民自治の相互作用を実現することが求められた。この方針を通じて、社会全体が協力し、社会の安定と調和を目指す新たな社会治理のモデルが構築されつつある。

4-2　「社会管理」から「社会治理」へ

（1）社会治理の背景

　2013年11月に開催された中国共産党第18期中央委員会第3回全体会議では、「改革の全面的深化」が正式に採択され、国家の発展に向けた包括的な改革が進められることとなった。この改革の一環として、国家治理制度とその能力の近代化が重要な目標として掲げられ、中国の特色ある社会主義国家の治理が新たな段階に進んだ。会議では、従来の「社会管理」という用語が「社会治理」という新たな概念に置き換えられ、より包括的で現代的なガバナンスを目指す方向性が示された。

　社会治理の概念導入に伴い、会議では社会治理システムの革新が詳細に説明された。特に、社会治理の改善、社会組織の活力向上、社会紛争の予防と解決、そして公安システムの改善という4つの側面から、社会治理の焦点と核心が明確に定義された。これにより、社会治理は単なる秩序維持のための手段から、社会全体の調和と安定を目指す包括的なシステムへと進化した。

　2019年10月に開催された中国共産党第19期中央委員会第4回全体会議では、第18期中央委員会以降の社会治理の経験を総括し、その発展と改善が進められた。この会議において、「社会治理は国家治理の重要な側面である」と

改めて強調され、国民の内部対立を正しく処理するための有効なメカニズムの構築、社会保障の予防と管理システムの改善、そして公安制度とその運営の強化が求められた。このようにして、社会治理は国家の安定と発展を支える重要な要素として位置づけられるようになった。

　このように、社会治理の焦点は、草の根地域における新しい社会治理パターン、すなわち「社区治理」の構築に移行した。このパターンは、地域コミュニティが自主的に社会の安定と発展に寄与することを促進するものであり、政府と市民の協力が不可欠であると考えられている。社区治理の導入により、地方自治体や地域社会が、国家の安定と発展に果たす役割が一層重要視されるようになった。

(2) 一元的管理から多主体による治理へ

　「管理」から「治理」への概念転換は、単なる用語の変更にとどまらず、社会治理における主体構造の根本的な変化を伴うものであった。従来の「一元的管理」体制では、政府が主導する単一の主体が社会全体の管理を行っていたが、「治理」という新たな概念の導入により、複数の主体が協力して社会の安定と発展を支える「多元的治理」体制へと移行することとなった。具体的には、党委員や政府だけでなく、社会組織、社区（コミュニティ）、企業、機関、さらには住民個人が、それぞれの役割を果たしながら協力し合うという、多主体参与型の社会治理の枠組みが強調されるようになった。

　この変化は、中国共産党第19期中央委員会第4回全体会議で採択された「共同建設、共同管理、共有の社会治理を構築する」という一般的要求に具体的に表れている。この方針は、政府による統治、社会の多元的主体による積極的な参加、そして住民自治の相互作用を通じて、社会の安定と持続可能な発展を実現することを目指している。これにより、社会治理において、政府だけでなく、さまざまな主体が連携し合うことが求められるようになった。

　特に重要なのは、住民の役割がこれまで以上に重視されるようになった点である。社会治理における住民の中心的な役割が強調され、住民の主権的地位や

権益、主体性が強化された。これは、社会治理の革新において、住民が単なる受け手ではなく、積極的な参与者としての位置づけを持つことを意味している。住民の意見やニーズが社会治理のプロセスに反映されることで、より包括的で柔軟なガバナンスが実現されることが期待されている。

さらに、「共同建設、共同管理、共有の社会治理」の構築は、現代中国における社会治理の新たな目標として掲げられている。この目標は、各主体が協力して社会の安定と調和を図ることを基本理念とし、社会全体が共同で建設し、共同で管理し、その成果を共有することで、持続可能な社会発展を実現しようとするものである。このような多主体参与型の治理モデルは、今後の中国社会におけるガバナンスの質を高め、社会的な結束力を強化する上で重要な役割を果たすと考えられる。

4-3 「社区治理」の展開の背景

習近平総書記は、党の活動に対する最も確かな支持は草の根レベル社会にあると繰り返し強調している。草の根地域社会の治理は、社区地域を基盤として、治理を実施する「社区治理」であり、社会治理の重要な焦点である。

第19回党大会報告（2017年）では「社区治理を強化し、社会治理が中心の草の根レベルへの下方移動を促進する」必要性を強調した。さらに、「草の根レベルの社区治理を構築する」ため、「党組織の指導の下、自治、法治、道徳を兼ね備えた都市と農村の社区治理を改善する」ことを要求した。

また、第19期党中央委員会第4回全体会議では、社会治理の現代化を促進するには、社会治理の重心を草の根レベル地域に下げることを促進し、より適切なサービスを提供するには草の根レベルへ資源を投入する必要があるとした。

このような政策の流れの中で、2017年6月、中国共産党中央委員会と国務院は「都市・農村の社会治理の強化・改善に関する意見」を発表した。この文書は、新中国の歴史上、初めて中国共産党中央委員会と国務院の名義で発布された都市・農村社区治理に関する公式なプログラムであり、社区治理の強化・改善を目的とした指導思想、基本原則、全体目標を明確に定めたものである。こ

の文書は、都市と農村の社区治理において新しい局面を切り開くための基本指針を示しており、中国の都市と農村の社区におけるガバナンスの質を高め、地域社会の安定と発展を支えるための基盤を築くものである。

　この政策文書の発表は、今後の中国における社区治理の方向性を示す重要な転換点となった。この文書を基に、全国各地での社区治理の実践が進められ、特に都市部と農村部の格差解消や、住民の生活向上を目指した取り組みが強化されている。また、社区治理の実施においては、住民の積極的な参加と多様な主体の協力が不可欠とされ、これによって、より包括的で持続可能な社会の構築が目指されている。

5　社区網格化管理の仕組みの推進（2013年〜現在）

　2013年に開催された中国共産党第18期中央委員会第3回全体会議は、中国における社会治理の重要な転換点となった。この会議で、中央政府は初めて党のプログラム文書に「社区網格化管理」を明記し、その導入を国家戦略の一環として位置づけた。「社区網格化管理」は、従来の社区管理に革新をもたらす手段として規定され、以後、全国各地でその仕組みが本格的に展開されるようになった。この制度は、社会治理を精細化し、政府の統治能力を末端レベルまで強化することを目的としている。

　「改革の全面的深化における若干の重大な問題に関する中共中央の決定」（以下「決定」）では、「社区網格化管理」は社区治理の重要な革新手段であり、住民に対するサービスの質を向上させるためのものであると強調されている。この制度の導入により、中央政府は社会管理の方式を根本的に改善することを目指し、管理の網格化とサービスの社会化を推進した。具体的には、各社区において「社区網格化管理情報プラットフォーム」を完備し、地域ごとに設置された管理網格を通じて、政府が効率的かつ効果的に社会服務を提供する体制を構築した（劉2019: 36）。

　さらに、中央政府は社区地域への支援にも重点を置き、「決定」（2013）にお

いては、「社区網格化管理と支援の仕組みを改善し、社区網格化管理と支援を実施する」という要求が掲げられた。これにより、草の根レベルでの社区が、単なる管理対象から、地域住民への直接的な支援機能を担う重要な基盤へと変わることが期待された。この政策に基づき、社区網格化管理は、地域の社会資源を有効に活用し、住民のニーズに応じたサービスを提供することで、社会の安定と調和を図る役割を果たすようになった。

こうした国の政策決定レベルでの注目は、草の根レベルでの社区網格化管理の仕組みを発展させる大きな推進力となった。この仕組みは、単なる行政管理の枠を超え、地域社会全体の協力を得て運営されることとなり、各地の社区において網格化管理の方向性が急速に整備されていった。結果として、社区網格化管理は、地域社会のガバナンスを支える基盤として不可欠な要素となり、全国的な展開が加速することとなった。

社区網格化管理の仕組みは、政府が地域住民との距離を縮め、より包括的で細やかな社会服務を提供するための革新的な方法として、今後もますます重要な役割を果たすことが期待されている。この仕組みを通じて、地域社会における問題解決能力が向上し、住民の生活の質の向上や、社会全体の調和と安定の実現が目指されている。

6　小　括

6-1　従来型管理から社会治理への変化

これまで、中華人民共和国の成立から現在に至るまでのコミュニティ政策の変遷を歴史的及び制度的な視点から整理してきた。これらの変遷を、「管理／支援機能の変遷」、「年代」、「主体」、「仕組み」、「内容」、「住民に密着した担い手」に分けて表1-1にまとめ、さらに管理と支援の意味合いの変化を表1-2に整理した。

この分析を通じて、管理と支援の意味の変化が、1949年から1980年代前半の従来型管理の第1段階、1980年代後半から2012年にかけて従来型管理が社

表1-1　中国のコミュニティ政策の変遷

		年代	主体	仕組み	内容	住民に密着した担い手
①社会統制段階	従来型管理	社会主義計画経済時期（1949年〜1957年）	国・政党一元的主導（居民委員会）	居民委員会	・目的：新中国の成立にあたり、地域治安を維持すること ・役割：住民の生活を支援することにより、住民を監視し、政治政策を宣伝し、浸透させることを優先する	居民委員会の担当者
		社会主義計画経済時期（1960年〜1980年代前半）	国（単位）	単位制	・目的：国家・政党のガバナンスを強化する ・役割：政治・政党意識の浸透と同時に、共産党に対する忠誠心が前提条件とされ、手厚い福利厚生の提供を通して末端社会に対する支配を達成すること	単位の責任者
②社会統制段階から社会治理へ	社会管理	社会主義市場経済改革期（改革開放）（1980年代後半〜2000年）	国（単位）⇒社区	社区建設社区服務	・目的：①「単位」から離れた人々を受け入れる居場所が必要であるため、②社会の仕組みの再編を行った ・役割：人口増加への対応、各種公務への対応、社会の安定を維持すること	単位責任者→居民委員リーダー
		社会主義市場経済（2000年〜2012年）	社区＋α（多主体）	社区治理	・目的：①流動化する社会を安定化させること、②住民の困りごとを解決し、政府の一元的管理の機能を変革する ・役割：社会治安の維持、流動人口の管理、社会矛盾の改善	社区職員
	社会治理	社会主義市場経済（2013年〜現在）	社区（ICT技術）＋α（多主体）	社区治理網格化管理	・目的：経済成長に伴う住民の多様性の問題への対応のため、草の根レベル地域はガバナンスの重点に置かれ、ICT技術を利用し、地域の末端に支援を届けるようにする ・役割：住民の多様な課題に対応する	網格長

表1-2　従来型管理方式から社会治理への変化

	従来型管理	社会管理	社会治理
概念	1. 社会的支配 2. 監視 3. 政府の指示に従うこと	1. 政府・市場・社会組織 2. 社会秩序と住民生活の安全の維持 3. 人々の生活改善が中心になる	1. さまざまな支援主体の協働による地域づくり 2. 住民の多様なニーズの満足 3. 住民の生活環境の整備
目的	社会統制：新しい社会体制を固め、社会の安定と秩序を維持する	経済の発展：社会の安定と人々の生活向上を中心とした社会構築	社会支援：住民の幅広い課題を解決する
背景	1. 物的資源の極端な不足 2. 内外のさまざまな現実による脅威があるため政府主導の管理のシステムが形成された	1. 政権と社会の安定が達成された 2. 経済発展を追求し、市場の力を利用する必要性 3. 政府の従来の管理は、市場経済の時代に適応できず、社会の問題を解決できなくなった	急速な経済発展によるさまざまな社会課題： 1. 家族に助けを求められない高齢者の増加 2. 若者を含めて孤独化の進み 3. コミュニティのつながりが弱い
主体	党・政府（実施）	党・政府の関与、市場＋社会組織	基層地域が基盤で、党・政府／多様な主体／住民
管理の意味	地域社会のコントロールと支配	社会の安定と社会支援	住民ニーズに焦点を当て、公的な社会秩序の維持、地域の防災、地域の安全を確保／情報収集

会管理へと移行する第2段階、そして2013年以降の社会治理の第3段階という、三つの主要な段階を経て進化してきたことが明らかになった。

　第一段階の従来型管理の目的は、新しい社会体制を固め、社会の安定と秩序を維持することが前提条件であった。背景には、物的資源の極端な不足と、内外のさまざまな現実的脅威があり、政府主導の管理のシステムが形成された。高度に中央集権的な政治体制と計画経済を基盤に、都市部を中心とした一元的な社会運営体制が形成されたのである。都市部では「国－単位－個人」、農村部では「人民公社制度」によって補完され、単位制が支配的であった。

　従来型管理とは、1.社会的支配、2.監視、3.政府の指示に従うことである。従来型の管理は、①政府による全権的な社会管理、②「単位」をベースとした労働力の管理、③「単位」外の住民は、「街－居」制度に基づく管理、④単位制度、戸籍制度、職業身分制度、記録制度に基づく社会移動管理という4つの特徴がある。

　従来型管理のメリットは、社会主義計画経済時期の中国社会の分断状態を変え、高度に統一された社会秩序を確立し、大幅に強化することができたことである。国家が社会を組織化し、動員し、統制する能力は大きく向上した。この「一元的管理」の行政形態は、当時のさまざまな社会的危機に対処し、国民経済と社会秩序を回復し、新しい人民の権力を固めるために極めて重要であった。

　従来型管理のデメリットは社会の活性化を著しく制約し、個人の自由と権利が国家の大きな目標に巻き込まれて完全に無視されることである。一方では、政府は経済や社会を直接管理し、社会のすべてを取り仕切る万能の主体となり、地域社会の自治のメカニズムが欠如した。他方では、社会のすべての構成員が比較的閉じた単位で管理され、社会の構成員が社会問題に対する意識を持たず、社会全体に活力が失われている。また、従来型の管理は、経済社会の発展に対する推進力を欠き、近代化プロセスにおける経済建設の中心的戦略とはますます相容れなくなっていることにも留意する必要がある。

　第二段階は、従来型管理－社会管理－社会治理の過渡期である。1978年中

国共産党第11期中央委員会第3回全体会議で、国の発展の目的を経済発展のために、全面的改革開放を行い、市場化の推進を明確化した。2000年の第16回党大会から2012年の第18回党大会まで、党と政府は人民生活の改善を提案した。

経済改革に伴い、社会管理の目的も変化した。社会管理とは、①政府・市場・社会組織の協働、②社会秩序と住民生活の安全の維持、③人々の生活改善が中心になるということである。地域支援と地域づくりの内容が提案され、支援と管理は、政府だけの責任ではなく、市場に委ねられた。

この段階の具体的な特徴は、①人々の生活向上を中心とした社会構築、②政府の機能が従来型の管理から支援へ変化、③社会組織が社会構築の重要な主体のひとつになったことである。

第三段階の社会治理は、第18期党中央委員会第3回全体会議で、社会管理が社会治理に正式に移行した。社会治理とは、①複数の主体が社会公共事業に参加し、②住民の多様なニーズに対応し、③党が主導し、草の根地域の役割を果たすことである。

社会治理の具体的な特徴は、①単一主体が多様化すること、②草の根の小地域が治理の中心となること、③社会参加、情報技術の活用、専門性の向上である。

従来型管理方式から社会治理への変化と管理の意味の変化（表1-2）をまとめると、従来型管理は、政府が権力と社会の安定を維持するために公共事業を管理し、社会を支配することに中心がある。改革開放後、市場経済の発展に伴い、政府が統治機能から支援機能へ、権力固めと社会的安定の目的から、住民の生活向上と社会秩序の維持を主目的とするようになった。社会治理とは、住民の多様な問題を解決するため、草の根の地域を基盤とし、住民ニーズに焦点を当て、公的な社会秩序の維持、地域の防災、地域の安全を確保／情報収集し、多主体によって対応することである。

このように、中国では、経済の発展や社会問題の変化などに伴い、従来型の管理モデルが対応できなくなったため、国家と社会の関係の変化により、従来

型管理モデルから社会治理モデルになってきた。これに伴って、「管理」の意味合いも変化してきたことが分かった。

6-2　管理と支援の両方が存在する理由

　管理と支援が社区治理において複数の要因に基づいて並存する。第一に、現在社区で行われている治理は、従来型の管理モデルから住民自治を目指した治理モデルへの移行過程の一環であることが背景にある。この移行過程において、従来型の管理機能が完全に消失せず、社区地域に残されていることが明らかになっている。これにより、管理と支援の両方が地域において依然として重要な役割を果たしている。

　さらに、社区自体がもともと政府の管理職能を担う特徴を持っていることも、この現象を説明する上で重要である。中国の社区は、歴史的に見ても政府と住民を結ぶ重要な接点であり、政府は社区を通じて社会の安定を維持し、管理を行ってきた。こうした役割は現在も変わっておらず、政府は社区を通じて住民への統制や管理を行いながら、社会全体の安定を確保することを重視している。

　従来の「管理」という概念は、「統制」から「統制と治理の並存」、そして「治理」へと、三段階にわたって変化してきた。初期の社会主義計画経済における国家と社会の関係は、国家が社会をコントロールする一元的な管理モデルに基づいており、国家は社会管理の唯一の主体として「特別な公権力」を用いて社会全体を統制していた。この時期における「単位制」は、個々の社区住民に対して強い統制を及ぼし、住民自治組織が成長する余地をほとんど与えなかった。住民の自主性や地域社会の自治が抑制され、国家主導の社会管理が全面的に展開されていた。

　しかし、社会の変容と市場メカニズムの導入により、社会関係に深い変化が生じた。この変化は、経済の自由化や市場経済の発展に伴い、国家と社会の関係が次第に多元化し、社会における住民の役割や自治の重要性が増すことを意味している。その結果、地域住民の自治組織が発展する余地が拡大し、複数の

社会組織が社区における社会問題の解決に関与し始めた。こうした社会の複雑化に伴い、住民を主体とする支援がますます重要な位置を占めるようになった。

このような背景の下で、従来型の管理モデルでは、もはや社会の複合的なニーズに対応することが難しくなってきた。国家と社会の関係は、国家が主導しつつも、複数の社会主体が協働するという新たな発展方向へと進化している。この発展の主要な手段として、社区治理の実施と社区網格化管理の仕組みの導入が挙げられる。これらの政策は、政府機能の変容や社会管理の革新に応えるものであり、複雑化する社会問題に対応するための新しいガバナンスモデルの確立を目指している。

ただし、従来型の管理から多主体による治理型への移行は依然として過渡期にある。そのため、国家と社会の関係は進化しつつあるが、地域社会にはまだ従来型の管理機能が残存している。また、社区が政府管理職能を担い続けていることから、管理機能が完全に消失することはなく、むしろ支援と共存しながら、地域社会の安定と秩序の維持に寄与している。この状況は、管理と支援が並存する現象の一因となっている。すなわち、社区における社会治理は、過去の管理モデルの影響を受けつつ、新たな治理モデルへの転換を目指しているため、現在の制度には両者が混在しているのである。

このように、管理と支援の両方が現在の社区治理において存在する理由は、歴史的な背景と制度的な過渡期に起因している。また、社区自体が政府の管理職能を担う特性を持ち続けているため、政府は依然として社区を通じて社会の安定と管理を実現しようとしている。これは、社区治理の発展において、管理と支援が並存する重要な要因となっている。

第2章

社区小地域を基盤とした
生活支援の仕組みと担い手の機能

網格化管理の仕組みと網格長の機能

1 本章の目的

これまで、社区網格化管理を実施する歴史的背景と、網格長による地域住民への管理と支援の原則について検討した。そして、「管理」という言葉が歴史的展開によってその意味がどのように変化したかについて検討した。

その結果、社区治理を実現する手段として、網格化管理の仕組みは草の根レベルで重要な役割を果たしていることが示された。また、網格長は、その実践におけるアウトリーチを通して住民と密接に関わり、住民と各支援主体者の紐帯と見なされることになった。

そこで本章では、まず、2017年10月1日に全国で施行された「城郷社区網格化服務管理規範」[1]、「城郷社区網格員工作規範」という国家の基準に基づいて、社区網格化管理の仕組みの展開の現状を説明し、その課題を提示する。また、パイロットモデル地域における社区網格化管理の仕組みの実践概要とその特徴をまとめる。以上を踏まえ、社区網格化管理の仕組みの現状と課題、網格長の位置づけと課題を考察する。

2 社区網格化管理の仕組みの展開

2-1 社区網格化管理の仕組みの概要

（1）網格を分割する原則

社区網格の分割については、「城郷社区網格化服務管理規範」（2017）によると、「①地区を明確な境界、地域の条件、サービスの容易さ、総合的なバランスの原則に従って、レベルごとに合理的な大きさの社会管理網格化単位に分割すること、②地区の地理的面積、人口、地区数、企業や機関、地区の商業街発展体系を総合的に整理し、社区（村）や単位などの人間活動の空間をサービス

---

1 筆者が日本語に訳した。

管理の最終領域とすること、などの要件を備える必要があること、③各レベル
の網格化の範囲、大きさ、規模を実情に応じて柔軟に設定すること」と示され
ている。

　都市部の網格化は行政区域と自然地理的配置によって分けられ、原則として
300 ～ 500の常住世帯または約1,000人の単位で分けられる。実情に応じて規
模を拡大・縮小でき、組織のある独立した地域や住宅地は近くの住宅地ネット
ワークに組み入れられる。都市部や農村部の大規模なビジネスビル、各種公
園、ビジネス街の市場、学校、病院、関連企業や施設は、実際の状況を考慮し
て専用の網格に分けることができる（段2020: 6）。

　網格の分割については、「城郷社区網格化服務管理規範」(2017) を用いて、
以下の3つの原則にまとめた。

1）地理的配置の原則

　自然地形や道路、路地、小区、公共緑地、広場、橋、川、丘、湖などを考慮
し、建物や管理対象物の一体性を保持しながら分割することが求められる。こ
れにより、網格の境界が建物や管理対象物を超えないようにすることが重要で
ある。

2）全体性の原則

　網格間に重複や抜け穴がないようにし、分割後も安定した網格が維持される
ことが望ましい。また、ニーズに応じて、毎年動的に調整が行われることが推
奨されている。

3）適切な尺度の原則

　居住人口の規模や社会情勢の複雑さを考慮し、網格の規模を適切にコントロ
ールすることが求められている。

　「城郷社区網格化服務管理規範」(2017) によると、網格の分割は「人を中心
とする」という原則を堅持して行われるものである。つまり、網格は社会サー

ビスの基本単位であり、人々が生活するための基本的な空間となることで、完全で便利かつ正確で効果的なサービスを提供し、人々のニーズをよりよく満たすことが目標とされている。

(2) 社区網格化管理の仕組みの実施における基本原則と運営実態

1) 実施における基本原則

「城郷社区網格化服務管理規範」（2017）に記載されている社区網格化を実施する原則と運営実態について、次のようにまとめた。

①網格の全地域をカバーする。社区網格化の仕組みは、行政管轄内のすべてのサービス、公共施設、住民を包括的にカバーし、住民の生活環境の管理及び支援機能を実現するために設置される必要がある。これにより、地域全体にわたる一貫した管理と支援が可能となる。

②支援を優先的に提供する。網格の担当者は積極的に住民に接触し、住民及び網格地域の情報を十分に理解することが求められる。治理の実施を基盤とし、住民や企業・機関に対する行政及び社会サービスの向上に重点を置く必要がある。これにより、住民のニーズに即した的確な支援が提供される。

③機能の統合化。各担当者に明確な責任分野を持たせることで、問題を効果的に解決できる体制を整える。分業体制を打破し、多岐にわたる業務機能を統合することで、運営の効率を高めることが求められる。

④標準化・透明化。業務及び規範の包括的なシステムを構築し、各機能や権限の範囲や役割分担、プロセス、責任者の情報を公開することで、住民による監督を受け入れる体制を整える必要がある。これにより、運営の透明性と信頼性が向上する。

⑤社会的協同作業を行う。地域環境の管理及び住民への支援方法を改善し、対象者とのコミュニケーションを重視する必要がある。網格地域内の社会

組織、ボランティアチーム、企業、施設の役割を発揮させ、社会サービスの運営に参加させることで、政府と社会の相乗効果により共通の治理を促進する。

２）運営形態

社区には総合的網格支援センターを設置する。総合的網格支援センターは、社区網格化管理及び支援を行うために、その機能的役割を十分に発揮し、情報システムを活用して情報、資源、力の連携と統合を実現する。これにより、草の根社会管理の相乗効果を高める必要がある。

地区内の網格化管理及び支援は、各レベルの網格化管理及び支援センターによって組織化、調整、指導される。網格化は大規模なネットワークに接続され、地域情報の共有を実現し、地域住民に質の高い社区運営及び公共サービスを提供することに寄与する。

このように、社区網格化管理の実施においては、支援の優先が強調され、各連携機関の責任者と協力し、資源を統合する特徴が見られる。これにより、網格内のネットワークが形成され、より良い支援の提供が可能となる。

（3）社区網格化管理の仕組みの機能

各レベルの網格化支援センターは、管轄内の網格を組織、調整、指導し、関連作業チームの構築と管理を強化する役割を担っている。これらの機能は、「城郷社区網格化服務管理規範」（2017）に基づいて、以下のように整理されている。

①基本情報の収集

網格地域内の人、場所、物、出来事、組織など、法秩序に関わる基本的な要素に関する情報を総合的に収集し、統合管理情報システムに入力する。また、データを適時に更新し、最新の情報を維持する。

②社会調査を行う

定期的または不定期に網格内を訪問・点検し、住民からの意見を収集する。これにより、さまざまな地域課題を調査・整理・対応し、必要に応じて関連情報を迅速に情報プラットフォームに入力する。

③地域のセキュリティ上の危険の調査・是正

関連部門と連携して、社会保障、生産安全、交通安全、環境安全、消防安全、食品・薬品安全など、網格内の安全に関する隠れたリスクを調査する。また、マルチ商法、違法資金調達、労働関係紛争、カルト活動などの問題についても調査し、必要に応じて関係者に改善を促す。さらに、情報プラットフォームに速やかにデータを入力する。

④トラブルの解決

定期的にアウトリーチを行い、網格内のトラブルを確認し、迅速に解決・処理する。必要に応じて、調停機関や関連部門と連携して調停を行い、問題解決に努める。必要に応じて関連情報を情報プラットフォームに速やかに入力する。

⑤危機介入

網格内の住民の精神的健康状態を把握し、深刻な葛藤や行動障害を持つ人々へのケアとフォローアップ支援を強化する。関連部門と連携し、専門的な心理カウンセリングや心理的危機介入を実施する。

⑥政策・法律・規制の推進

国の政策や法律、村の規則、さらに安全・安心に関する知識を広め、住民が草の根レベルで平和と安全の創造に積極的に参加できるよう組織・動員し、文明的な社会習慣を提唱する。

⑦公共サービスの代行

省・市・県政府サービスセンター、郷（街）便サービスセンター、都市・農村社区統合サービスセンター（ステーション）などの政府サービスプラットフォームと連携し、網格内の住民に労働・雇用、社会保険、社会補助、社会福祉、家族計画などの分野で効率的かつ便利な統合サービスを提供する。

⑧データ分析の実施

統合管理情報システムのデータを分析し、地域のトラブルの特徴や傾向、社会保障状況を把握する。これにより、党委員会や政府の意思決定に役立つ資料を提供する。

⑨地域の活動の促進

積極的に各機関と連携し、網格内での地域活動を促進する。住民参加を通じて、地域の活性化を図る。

⑩その他の業務

党委員会、政府または上位の網格化支援センターから割り当てられた事項を実施する。

以上のように、社区網格化の仕組みはニーズ・情報を把握する機能（①、②）と住民の生活支援機能（⑤、⑦）のほか、地域生活環境を守る機能（③、④）、行政業務に協力する機能（⑥、⑧、⑩）、地域活性化を促進する機能（⑨）の幅広い機能を果たすことが分かった。

2-2　社区網格化管理情報プラットフォームの活用

　上述のように社区網格化の仕組みは情報化の特徴があり、主に社区網格化管理情報プラットフォームを活用し、情報収集と共有ができる。ここから、社区網格化管理情報プラットフォームの概念、構成、多主体のユーザーと管理／支援の実施の流れについて説明する。

（1）概念

　柴ら（2014: 467）は「『社区網格化管理情報プラットフォーム』の概念をビッグデータ、クラウドコンピューティング、モバイルインターネットなどの現代技術を利用して、「ヒト、トコロ、モノ、コト、組織」とする基本内容を含むシステムを構築し、多主体の間の資源共有、連携と共同管理、科学的ガバナンスを実現させる情報プラットフォーム」と定義した。

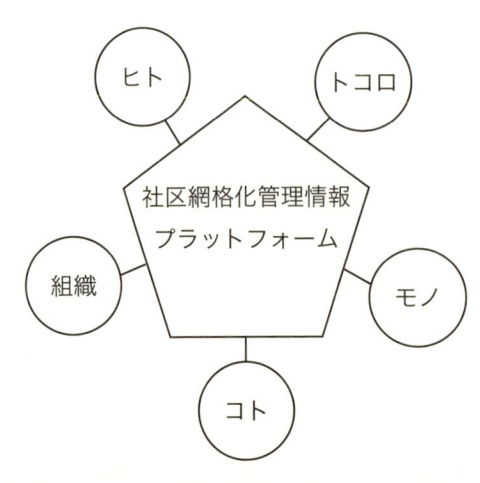

図2-1　社区網格化管理情報プラットフォームに含まれる要素

出典：柴ら（2014: 469）に基づき筆者作成

プラットフォームには「ヒト、トコロ、モノ、コト、組織」という5つの要素が含まれる。「ヒト」は居住人口、流動人口、社会的弱者が含まれる。「トコロ」は学校、公園、広場、ショッピングモール、ガソリンスタンド、観光地のような場所を指す。「モノ」はマンホール、街灯、ニューススタンド、ゴミ箱、掲示板とその他の施設が含まれる。「コト」は、社会的矛盾の調整、社会安定の維持、居民の問題の解決のようなインシデントが含まれる。「組織」には公共団体や組織などが含まれる。

この社区網格化管理情報プラットフォームのもう一つの特徴について、李（2007: 29）は「地理情報システムGPSと組み合わせ、ユーザーが建物の情報や居住情報等を素早く見つけることができ、社会管理がしやすくなる」と述べている。

（2）構　成

先行研究（範2014; 李2011; 李2018; 秦2014; 鄒ら2016）を概観すると、社区網格化管理情報プラットフォームは基本情報、統計分析、総合監督、業績考課評価、システム管理、対話型支援の6つのシステムで構成されることをまとめた。

基本情報システムは、①地図情報、②団地情報、③住宅情報、④建物情報、⑤人口情報（人口情報照会、定住人口、流動人口、障がい者、高齢者、生活保護利

用者）、⑥学校情報、⑦共産党建[2]報（党員情報、職務、少数民族、宗教情報など）、⑧計画生産情報、⑨前記⑤以外の社会的弱者情報、⑩治安情報（巡回情報など）、⑪経済発展情報（投資など）、⑫統計分析、という12のモジュールで構成される。

統計分析システムは、①すべてのデータをインテリ

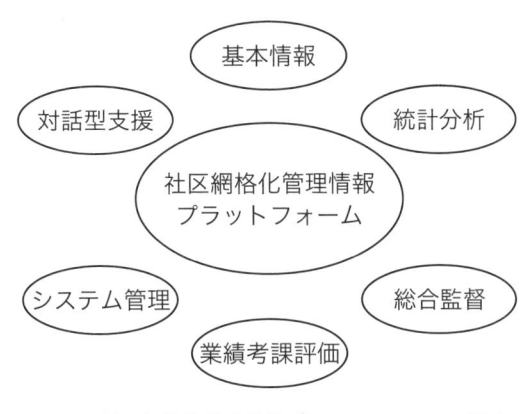

図2-2　　社区網格化管理情報プラットフォームの構成
出典：範（2014: 12）に基づき筆者作成

ジェントにカウントすること、②ヒストグラムを一目で確認できること、③円グラフを完全に分析できること、④インシデントを分析するなどの機能を有する。

総合監督システムには、①インシデントの確認、②対応を待つインシデントの管理、③インシデントリストの管理、④インシデントの統計という4つのモジュールがある。管理と支援のプロセスはこのシステムを通じて完成でき、さらに各担当者による管理と支援の状況がシステムに反映される。各網格内の問題が対応できない場合は、網格長はいつでもシステムを通じて段階的に社区、街道、区政府に報告することができる。該当責任機関により解決した後は、網格長が解決結果を検証する。うまく解決できていない場合は、改めて責任機関に連絡し、再対応を依頼する。

業績考課システムは主に網格長を考課するシステムである。①日誌管理（網

2　社区における共産党建とは、共産党組織が地域社会で主導的・中心的な役割を果たし、地域のさまざまなタイプの草の根党組織と党員を組織し、調整し、指導して、活動を行い、住民に支援する組織を指す。

格長による仕事の報告)、②業績評価管理という2つのモジュールで構成される。

　システム管理は①ユーザー管理、②役割による管理、③部門管理、④システム日誌、⑤写真管理のモジュールで構成される。

　対話型支援システムは、居民にあらゆるレベルの担当者（網格長、社区居民委員会リーダー、街道リーダー、区政府職員）と対話できるシステムを提供する。対話型支援システムを通じて、居民は、いつでもどこでもさまざまな社会問題や自分の意見をWebサイトに投稿することができる。そのシステムは居民へのフィードバックのためにチャンネルを提供するものであり、それによって居民は社会管理に参加できるし、監督することもできる。同時に、あらゆるレベルの担当者が返答しなければならない。

　以上述べた6つのシステムの他、社区網格化管理情報プラットフォームには、各機関の電話番号、ホームページのURL、各機関のSNSが公開されおり、居民はいつでも関連機関に連絡できる。

(3) 多主体のユーザー

　社区網格化管理情報プラットフォームのユーザーは網格長、社区居民委員会リーダー、街道担当者、区政府担当者、他の機関（水道会社、ガス会社など）などである。ユーザーの権限によってアクセスできるシステムが異なる。

　網格長は網格内で生じた問題に権限範囲内で対応できる。また、解決したインシデントの経緯と結果をプラットフォームに記録する。関連部門の協力を必要とする場合、プラットフォームによって報告する。

　社区居民委員会リーダーは社区サービスの関連データを統合し、居民に反映された問題等をプラットフォームで確認する。また、権限範囲内で人口情報照会、インシデント情報の照会、地図のレビューなどが調べられる。

　街道リーダーは、各社区から反映された問題やインシデントに対応する。また、関連機関の協力を調整する。解決した問題とインシデントを社区に通知し、担当網格長が結果をフィードバックする。

　区政府リーダーは、全体を監督することができる。報告された問題とインシデントをプラットフォームで確認し、関連機関と調整しながら、解決方案を指示する。区政府リーダーはプラットフォームの関連データを読み取り、統計することができ、全域の社区管理と支援の状況を把握できる。

　他の機関（水道会社、ガス会社など）も社区網格化管理情報プラットフォームにアクセスできる。地域の共通課題がある場合、情報を共有され、該当主体者が速やかに対応することができる

（4）管理／支援の実施の流れ

　秦（2014）・範（2014）・李（2011）をもとに、網格管理制度における管理と支援の流れをまとめると次の5つのステップに分けられる。

1）発見・収集

　網格長は担当する地域内を定期的に巡回する。社会問題、居民の問題などがすぐに発見できる。また、定期的に訪問することにより、居民の情報を収集する。居民も直接に電話やネットなどの手段を通じて、社区や政府機関に通報する。

2）報告

　報告のステップでは下記の3種類に分けられる。

①網格長による報告：
　網格長は専用のアプリまたはパソコンのホームページでプラットフォームにログインして、「インシデント報告」モジュールのインシデント登録の手順に従って、問題を明確に記述する。インシデントが起きた場所を明記してから、社区レベルに報告する。緊急のインシデントは直接に区政府レベルに報告する。
②社区居民委員会リーダーによる報告：

網格長から報告されたインシデントの種類が社区の業務の範囲を超えた場合、社区居民委員会リーダーはそのインシデントが属する同じレベルの関係機関に転送し、該当機関に対応させる。報告されたインシデントが社区の権限範囲以外の場合、そのインシデントは区政府に報告され、区政府担当者によって調整・対応される。

③街道担当者による報告：

社区に報告されたインシデントが街道はまた街道と同じレベルの関係機関が解決できない場合、インシデントは区政府レベルに報告され、区政府の担当者が調整・解決する。

3）調整・手配

調整・手配は、区政府レベル／社区レベルによってインシデントの質性に従って調整・手配される。直接調整・手配とは、インシデントに対応できる機関が明確に分かる場合は、社区・街道レベル／区政府レベルによって該当機関に調整・手配され、該当機関によって対応される。間接調整・手配とは、インシデントに対応できる機関が不明確な場合、社区・街道レベル／区政府レベルによって調整した後、指定された機関が対応する。

4）対応

プラットフォームではインシデントをGPSマップと結合させ、担当者はインシデントの場所に行き、インシデントに対応する。インシデントの詳細と対応の流れはGPSマップと結合され、インシデントの対応プロセスはGPSマップを通じて詳細に表示され、緊急のインシデントは警告方式で表示される。また、プラットフォームで解決を待つインシデントは黄色で表示され、うまく解決したインシデントは青色で表示される。48時間以上解決していないインシデントは赤色で表示される。解決のプロセスと解決した結果をプラットフォームに入力して、対応した結果をインシデントの担当網格長にフィードバックする。

5）フィードバック・フォローアップ

インシデントに対応した結果をフィードバックする。網格長は直接現場に行き検証する。居民の問題の場合、網格長は居民に解決結果の良し悪しを確認する。検証に合格した後、インシデントが解決された青色を付ける。うまく解決できていない場合は、プラットフォームを通じて再び関係機関に依頼する。網格長はインシデントがうまく解決できるまでフォローする。

5つのステップを通じて、社区は社会問題を積極的に発見し、対応する。それによって、行政機関は地域の状況を十分に把握できる。社区網格化管理のもとで緻密な社会監督の形成や関連機関の連携及び情報共有が促進されると考えられる。

以上のように、社区網格化管理の仕組みの実施には、情報プラットフォームが欠かせないものである。地域の責任者の網格長のアウトリーチを通じて、情報のデータを常に更新する。社区網格化管理情報プラットフォームのデータベースを通じて、さまざまな支援の提供者は、地域の問題を素早く把握し、住民の困りごとを素早く把握することができる。また、住民の困りごとが速やかに解決されたかどうかを把握するためにも、社区網格化管理情報プラットフォームは活用されている。さらに、住民はアプリなどを通じて、需要や意見などを反映することができるようになった。

3　網格長の活動

3-1　社区網格員の概要

序章の用語で説明したように、社区網格地域の責任者の名称は、地域によって異なり、「網格員」や「網格長」の呼び方がある。本節では、規範に記載された名称を用いて説明する。

（1）社区網格員とは

社区網格員とは、社区の職種の一種であり、各都市や農村の社区網格地域で、網格地域の日常業務を担当し、さまざまな公共サービスや行政支援に協力する人を指す。社区、街道、公安、消防、民生部門と連携し、充実した支援を提供する。

（2）網格チームの構成と募集

網格チームの構成については、全国的に非常に複雑で、大きく分けて次の4つのパターンがある（段2020: 107）。

第一、1つの網格地域に1人のフルタイム網格長がいるシステムである。例えば、湖北省宜昌市では、網格長は社会工作者（ソーシャルワーカー）とそれぞれの機能を果たして業務を行う方式である。政府がサービスを購入するという形で網格長を募集している。

第二、1つの網格地域に複数のメンバーがいるシステムである。例えば、北京市東城区では「7+X」[3]システムが導入されており、各網格地域は網格長、網格アシスタント、網格ポリス、網格スーパーバイザー、網格補助員、網格司法書士、網格消防士がチームを構成する。

第三、二名制である。すなわち、各網格地域には、1名の常勤網格長と1名または数名の非常勤網格員が配置されており、非常勤網格員はマンションの管理者や団地の管理者、ボランティアなどを担当する。

第四、網格センターの設立である。例えば、貴州省では、各社区には網格センターオフィスが設置され、メンバーは社区の居民委員会のリーダー、交番の警察官、公安、低所得保険共同管理者、郵便局員、労働保険共同管理者、反麻薬ソーシャルワーカー、司法ソーシャルワーカー、ボランティアなどである。

本章の調査地域の長春市では、1つの網格地域に複数のメンバーがいるシステムを推進している。それは、網格地域の担当者は一人であり、「網格長」と

---

3 「X」は、必要に応じてチームに追加されるその他のメンバーを指す。

呼ばれる。網格長以外は、マンションの責任者、団地の責任者、ボランティアなど協力者がいる。

　網格員の募集は社会全体に開かれており、戸籍は原則として地域内にあることが条件となっているため、網格員間のコミュニケーション向上に寄与している。網格員は、優れた実務能力と新しい知識の習得能力を確保し、さらに情報技術をよりよく活用して業務を支援するため、一般的に大学以上の学歴が要求されるが、現在のところ、網格員の募集に職業上の制限はない。

　また、網格チームの募集の方式もそれぞれである。第一、既存の社区の社会工作者が網格長に転勤する。第二、新人を募集する。例えば湖北省の宜昌では、1,000人以上の専任の網格長を採用している。第三に、既存の社区の協力者が担当する。大多数の都市では、もともと社区のボランティアであった人を、社区の地域管理に携わっているため、網格チームに組み込んでいる。

　本章調査地の長春市では、既存の社区の社会工作者が網格長に転勤する方式と新人を募集する方式の両方で行われている。

(3) 社区網格員の業務内容

　「城郷社区網格員工作規範」(2018) を参考し、社区網格員の業務を次の12項目にまとめた。

　①共産党の業務に協力すること

　　網格化内の党員情報を収集・更新し、網格化内の党組織と連携して活動を行う。

　②健康管理業務

　　公衆衛生、医療サービス、健康上の緊急事態、家族計画及び関連する法律や規制の推進

　③必要に応じて家庭を訪問し、家族計画サービスやインセンティブ、サポートの収集、入力、管理、提供を行う。

　④労働・社会保障業務

草の根地域の労働・社会保障活動を行い、雇用促進、社会保険、退職者管理、労使関係の調整、労働争議の調停に援助・協力する。主要な受益者である、低所得者、寡婦、空巣高齢者、生活困難な高齢者、障がい者などの情報を適時把握、収集、更新し、関連部門と連携して、良いサービスを提供する。

⑤地域を守ること

網格地域における不安定な要因、セキュリティリスクやその他の緊急事態を発見し、報告する。

⑥ボランティア活動

文明都市づくりに参加し、社会主義の核心的な価値と市民の文明的慣習を提唱し、社会的徳、家庭的徳、集団主義、愛国主義を推進し、文明的で積極的な地域精神を創造する。文明的な社会習慣を提唱すること。地域社会が主催するさまざまな文化・教育活動、公益のためのボランティア活動に参加させる。

⑦地域環境の維持

環境衛生管理規程や衛生学に関する一般知識の普及を図り、一般住民の環境衛生意識を高める。網格地域の環境衛生、違法建築、不法占拠を確認し、発見した問題に対し適時助言・交渉する。

⑧環境保護監督業務

環境保護管理規定と生態文明の概念を推進する。

⑨不法投棄、住民からの苦情・通報、点検で発見された環境安全リスクへの助言・報告

環境保護部門と協力し、網格内の環境汚染源のセンサスを実施し、環境に関する手紙や訪問（紛争）の調整を行う。

⑩生産安全への取り組み

生産安全関連法規の周知徹底と生産安全に関する一般知識の普及。安全監督部門を補佐し、網格化内の生産・操業ユニットの状況をマップ化する。安全点検を支援し、違法な生産やビジネス慣行、隠れた生産安全上の危険

を発見した場合には適時報告する。

⑪火災安全作業

　火災安全関連法規制の推進。網格内の施設の基本的な火災安全の状況を熟知すること。関連部門と協力して各種防火整頓作業を実施し、各種防火・防災に関する調査・報告を支援する。

⑫その他の業務

　その他、党委員会、政府、上位の網格管理と支援センターから割り当てられた事項を実施する。

　このように、社区網格員は、社区全体の住民に支援を提供する役割と地域の管理の役割を担っており、具体的には民政部、社会保障などの関連社会事業の業務や、党建（71頁注参照）、総合管理、生産安全などの安全業務を共同で行っている。

　社区網格員が扱う対象は「ヒト」「モノ」「コト」など多岐にわたり、業務の量が多い。したがって、網格員が地域でより良い支援を提供するためには、丁寧で厳格な仕事ぶりはもちろんのこと、住民に奉仕することも必要であることがみられた。

（4）職務の責任

　社区網格員の職務の責任について、許（2020: 104-105）は「常の社区検査、基本情報収集、社区意見調査収集、社区環境衛生、都市貧困救済、社区文化建設、政策・法律宣伝、紛争の調査・解決などを担当している」と述べた。

　草の根の社会管理において、社区網格員は、支援提供者であると同時に宣伝者、情報検査官、安全検査官でもある。業務の責任の詳細について、「城郷社区網格員工作規範」（2018）によって、以下の7点にまとめました。

1）基本要件

①社区のルールや規則を守ること。

②地域政党組織のリーダーシップと地域住民委員会の運営に委ねる。

③住民（村）の民主的な評価と上位機関の評価・監督を受け止める。

2）家庭への定期的な訪問

①網格内の人口、住宅などの基本情報を収集・更新する。

②網格内の人口、家屋、営業している店に関する基本情報、及び移動人口や特殊集団に関する基本情報に重点を置いて、適時収集・更新する。

③必要に応じて網格内の世帯を訪問する。

3）特定のニーズに応じた訪問

　必要に応じて網格内の世帯を訪問し、網格内の主要世帯への訪問・戸別訪問サービスを確保する。

4）情報の報告

①社会保障、労働保障、民生、家族計画、都市管理、環境保護、生産安全、食品（薬品）安全など、網格内におけるさまざまな問題や不安定要因を適時調査・報告すること。

②突発的または重大な事故が発生した場合は、その場所、内容、状況を具体的に示した上で、初回報告時に報告し、過少報告、省略、報告遅延、誤報がないようにすること。

③守秘義務。守秘義務規定を遵守し、収集した情報を開示（漏洩）しないこと。一般に情報を提供する必要がある場合は、規則に従って承認する。

5）出勤状況

①所轄官庁の勤怠管理システムを遵守し、原因不明の欠勤や無断欠勤は認めないこと。

②網格構成員は、住民の労働生活を円滑にするため、住民の休息日または休息時間中に住民に公共サービスを提供するフレックスタイム制を採用する

ことができる。

6）連絡の業務

携帯端末がある場合は携帯番号を提供し、家庭訪問の際も通信可能な状態にしておく。

7）コミュニケーションとコーディネーション

内部の情報共有である。毎日の社区ミーティング、週次ミーティング、月次ミーティングなどのシステムと組み合わせて、網格内のさまざまな問題を報告し、調整と解決策を要請する。外部への連絡。網格員は、家庭を訪問し、住民とコミュニケーションをとる際、住民のニーズに応じて適切なコミュニケーションや伝達方法を選択し、記録を残す。社区（村）網格化管理と支援センターは、その管轄内の各網格に社区網格員を配置する。各網格化に１人以上の社区網格担当者を配置し、複数の社区網格担当者を配置した網格には、網格長を設定することが可能である。網格管理と支援センターは、社区網格の日々のパフォーマンス、及び住民の満足度評価に従って、社区網格の性能を評価するものとする。

このように、社区網格員はアウトリーチによって、ニーズの発見の機能、情報の把握機能、資源の調整機能、連携の促進機能を果たすことが分かった。さらに、社区網格員はアウトリーチを通して、情報を収集するだけでなく、行政や他の支援主体の業務に協力することが求められることが分かった。また、早い段階で行政に報告することが求められ、業務の質も住民に監視されている。通常の勤務時間において、住民の困りごとに対応だけでなく、勤務時間外の住民からの電話にも対応することが求められる。したがって、社区網格員の業務は、範囲が広くて、仕事の量が重い特徴がみられた。

3-2 網格長によるアウトリーチの展開

(1) アウトリーチの概念

　日本におけるアウトリーチの概念について、根本（2000: 137）は広義のアウトリーチを「①ニーズの掘り起こし、②情報提供、③サービス提供、④地域づくりなどの過程における専門機関における積極的取組」と定義し、狭義のアウトリーチを「客観的に見て援助が必要と判断される問題を抱え、社会的に不適応の状態にありながら、自発的に援助を求めようとしない対象者に対して援助機関・者側から積極的に動きかけ、その障がいを認識し、援助を活用するように動機づけ、問題解決を促進する技法、その支援」と定義した（根本2000: 137）。さらに、福富（2011: 36-37）はソーシャルワークのアウトリーチ機能について、「①出向く、②ケース発見、③利用者理解の促進、④資源活用・促進、⑤保護、⑥エンパワメント、⑦関係形成、⑧連携促進、⑨具体的なサービス提供」を挙げている。この「①出向く」、「②ケース発見」は具体的には、クライエントとの接触が図られ、それによって、潜在化しているクライエントを発見することや、地域でケースを発見することである（福富2011: 36）。

　網格長のアウトリーチによって果たされたニーズの発見の機能、情報の把握機能、資源の調整機能、連携の促進機能はこの定義に照らし合わせると、類似すると言える。

　前述の検討に示したように、住民の困りごとを解決した後、情報プラットフォームを通して、または住民の家に訪問して、確認するというフォローアップ機能を果たしている。このフォローアップ機能は田中（2009: 40）が検討したアウトリーチの「モニタリング」機能と似ていると考えられる。田中（2009: 40）は「モニタリング」段階について、「介入の進歩状況、ニード充足の状況、目標の達成状況などを点検・評価することや、クライエントの状況変化、新たなニードの発見、介入の修正など経時的変化を観察・評価することが中心となる」と説明している。

　このように、網格長のアウトリーチ支援はソーシャルワークにおけるアウト

リーチ支援機能を果たしていると考えられる。

（2）展開の流れ

　上述の網格長の業務内容、機能を踏まえ、網格長によるアウトリーチの展開の流れをまとめる。網格長による住民へのアウトリーチの展開のイメージを示した図2-3に沿って説明する。社区を300 〜 500世帯ごとの網格で区割りを行い、1つの網格につき1人の責任者の網格長を配置する。

①網格長は、地域住民のいる場所へ出向いて、網格地域の情報と住民の家庭情報、住民のニーズ・課題の把握、サービスの提供、住民同士のトラブルの仲裁や解決など、アウトリーチによる活動を展開する。また、サービスの情報や、行政指針など、地域に出向くことを通して、住民に伝える。住民と関わることによって、住民の声を収集する。

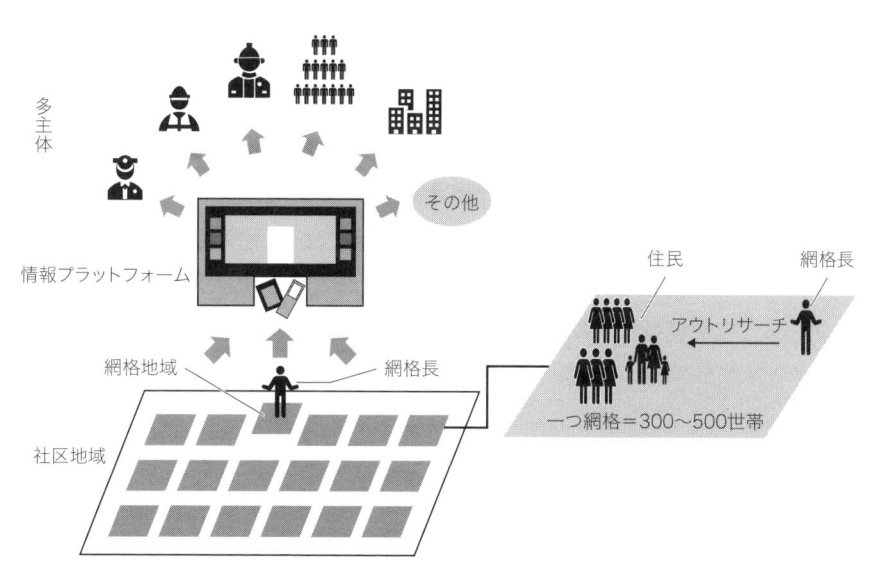

図2-3　網格長によるアウトリーチの展開のイメージ図
出典：筆者作成

②把握した情報やニーズを社区ICT情報プラットフォームにアップロードする。また、常に情報を把握し、ICT情報プラットフォームを常に更新する。地域に出向く際に、現場で解決できる困りごとを解決し、解決できない困りごとは情報プラットフォームにアップロードすることによって、他の支援主体者と調整しながら、解決する。

③社区網格化管理情報プラットフォームで、水道会社、ガス会社、消防など多様な支援主体に情報を共有することによって、住民の困りごとを解決することができる。

④多主体により解決した結果がICT情報プラットフォームを通して、網格長にフィードバックされる。網格長は現地に出向いて、解決した結果を確認する。

このように、網格長は、ニーズの把握、情報提供を行い、資源につなぎ、生活環境を守りながら、支援を行っている。

4　モデル地域における社区網格化管理の仕組みの実施

社区網格化管理の仕組みは、自治組織の社区を基盤として展開される。地域の資源、財源などの地域性によって、社区網格化管理の実践は異なる。

中国の都市部における社区網格化管理の研究と実践は、2004年に北京市東城区で行われた社区網格化管理の実践の模索から始まった。そこで、都市部で2005年から2010年にかけて、3つパイロット都市を設定した。2013年以降の社区網格化管理の実践は、これらのパイロット都市での実践を革新して発展してきた。

そのため、本節では、先行研究（陳2015; 池ら2008; 孫ら2010; 高ら2011; 曾ら2013; 秦ら2017）と北京市が発表した社区網格化の仕組みに関する規定「関与推進東城区城市管理経験——建立情報化城市管理的意見（東城区における都市管理の経験——情報化都市管理の構築に関する意見）」を概観することにより、全

国のモデル地域である2004年から始まった北京モデル、北京モデルを参考にして2005年に始まった上海モデル、2008年から始まった浙江舟山モデル、2010年からの湖北宜昌モデルという4つの地域の実践事例を整理し、その特徴をまとめる。

4-1　モデル地域の取り組み

（1）北京東城区モデル

1）基本的な状況

「関与推進東城区城市管理経験──建立情報化城市管理的意見」（2005）によると、2004年、北京市東城区ははじめて社区網格化管理の仕組みを実施した。2005年6月に国の「革新的都市管理モデル」の指導のもと、「デジタル都市技術に基づく新しい都市管理モデルの構築」をテーマに「革新的都市管理モデルグループ」を立ち上げた。現在の成熟した情報技術に依拠し、東城区の実情を考慮して、「洗練、網格化、情報化、人間化」という都市管理の理念を提唱した。この理念に基づき、北京市東城区では網格化管理に関するパイロットプロジェクトが開始された。

2）具体的なやり方

第一に、網格地域を科学的に分割する。東城区は「1万メートル網格」の設計思想と技術を生かし、1平方メートル単位で「網格」の地域を設置した。「責任制」に基づき、区内の17の街道と205の社区は、人、場所、物、状況、出来事、組織などの要素を考慮し、完全性、利便性、バランス、差異の許容という原則のもと、589の網格に分けられている。各社区は2〜5網格に分かれた。

第二に、社区網格化管理情報プラットフォームの構築である。情報資源の統合により、東城区は都市部の大部分をカバーする中国初の「網格化都市管理情報プラットフォーム」を立ち上げた。

3) **課 題**

北京市東城区における網格化管理の実施には、初期の限界がある。

第一に、支援より管理に重点を置いている。

東城区では、草の根地域の情報収集、都市構成要素の管理、網格問題の解決に焦点を当てている。中心的な目的は、都市管理の効率とレベルを向上させることである。都市社区管理には有効であるが、地域住民のニーズに応えるのは十分な配慮がなされなかった。

第二に、役割分担は明確であるが、協働が不十分である。

東城区では、情報技術の導入を試みているが、デジタル化、管理プロセスの標準化の過程で、各機関の権限と責任の明確化が進み、全体としては「協力」の強化よりも「業務分担」の効果が大きい。

第三に、管理的な色合いが強く、他の主体の参加が足りない。

東城区における網格化管理の初期段階では、多主体間の関係性を全体的に調整しなかった。主体から資源に至るまで、管理業務が主に政府の役割に依存し、草の根の地域における自治への配慮が欠けている。

第四に、発見された課題が多主体によって速やかに対応ができない。

課題の具体的な解決プロセスをみると、網格長はまず発見した地域と住民の課題を情報センターに伝達する。情報センターは関係機関を指定して問題に対処する。

しかし、地域で発生した緊急性の高い課題に対して、速やかに対応できないことによって、問題が悪化するケースもあったと考えられる。

(2) 上海長寧モデル

1) 基本的な状況

2005年末からは、上海市が初めて長寧区で社区網格化の実践を始めた。長寧の社区網格化の実践の特徴は、社区網格化を推進するために、社区の共産党員の指導に依存する点である。それは、街道党委員会の指導的・中心的な立場

を強化し、草の根の地域実践に党が参加する場を拡大することである。

2）具体的なやり方

第一に、長寧社区網格化管理は、「ネットワークを広げる」ことに重きを置いていた。

長寧社区網格化管理の具体的な実践は、「網格」のエリアを地理的に分割するだけではなく、網格内の社会資源を統合して、社会資源のネットワークを形成することである。例えば、交番、工商事務所、衛生事務所、不動産事務所など、住民生活に密着した機関を網格に組み込み、住民サービスのためのネットワークを形成した。支援機能を常に強化し、「ワンストップ窓口」を配置し、地域の住民に便利で迅速なサービスを提供するようになっている。

第二に、草の根の地域の党委員会を中心している。街道の党委員会は社区網格化の中核となり、社区網格化管理における共産党組織の影響力を強化する。

3）特　徴

第一に、党の建設を通して社区網格化管理を推進する。各級党委員会、組織などを草の根レベル地域の網格に配置し、社区網格化の力を充実させる。

第二に、社区治理を再構築することである。北京東城区モデルと比較すると、上海モデルでは、社区網格化管理を実施する過程で、社区自治を重視し、社区サービスの市場化を促進することに重点を置いている。

第三に、ルールや規則の制定をより重視する。上海モデルの社区網格化管理は、制度的な規範と各種施策のルール作りに重点を置いている。社区では、網格化管理に関する運用マニュアル、管理基準、職責などの作業システムを整備し、実施ルール、処理手順、スタッフの権限と責任などをさらに明確にしている。

しかし、網格化を推進するための社区共産党党員会のリードに依存しているため、行政化が強く見られる。上海の網格化管理実践において、発見された課題が多主体によって速やかに対応ができない課題が浮き彫りになった。

(3) 浙江舟山モデル

1）基本的な状況

2008年、浙江省舟山市は「社区網格化管理・多主体のチーム化」というモデルを立ち上げた。「社区網格化管理・多主体のチーム化」による支援のモデルは、舟山市の草の根の地域において、共産党員が大衆に働きかけるための新たな手段であり、全国的に広く注目された。

2）具体的なやり方

第一に、組織のリーダーシップを強化し、ルールや規則を整備する。草の根の地域における制度革新として、社区網格化管理と多主体のチームワークの形で、集中的に住民に支援を提供する効果的な方式である。

第二に、網格を合理的に分割し、管轄範囲を明確化すること。

第三に、支援チームを作り、支援体制を改善する。このようなチームワークは社区網格内の住民に総合的な管理・支援を提供する最初の責任機関である。チームは住民のニーズの把握、課題の把握、住民の問題解決に責任を負っている。

第四に、インセンティブメカニズムの強化と定期的な評価の実施である。住民が抱えている課題を確実に解決し、フィードバックするために、舟山市は問題処理の結果を意見処理のフィードバックカードという形で評価する。

3）特　徴

第一に、社区網格化支援チームの編成に重点を置いている。

第二に、管理と支援の両方が重要である。北京東城モデルと比較すると、舟山は「社区網格化」と「多主体のチームワーク」を組み合わせ、「支援を提供することによって、地域秩序の管理を達成する」という考えを反映し、総合的な管理・支援システムの形成を目指している。目的は、住民に長期的な支援のメカニズムを確立し、地域住民の問題を解決し、支援の質と効果を向上させることである。

（4）湖北宜昌モデル

1）基本状況

2010年10月、宜昌市は北京や上海の先進的な経験を生かしつつ、地域の特性を考慮した社区網格化管理の実践を模索し始めた。宜昌の社区管理網格化の基本原理は、「人間本位」、「社区網格化」、「ICT情報化」、「全力の支援」を貫くことである。

2）具体的なやり方

第一に、宜昌市は市内の121の社区を1,110の網格に分け、各網格に網格員（地域による格差により、各地の実践で網格地域の責任者の呼称も異なり、「網格長」や「網格員」などと呼ばれている）を配置した。

第二に、網格員は公募によって選ばれ、採用された。開放性、公平性、自発性、実力主義の原則に基づき、網格員を公募し、1,000人以上の網格員のチームを形成した。

第三に、「連携と解決、期限内に速やかに解決すること、フィードバックと評価、監督と評価」の方針に従っていることである。適時に解決できる課題は速やかに解決し、網格地域で解決できない課題は順次報告され、司法調停、主要な社会紛争の集中調停という対応する包括的かつ連携した調停メカニズムが起動する。

3）特　徴

第一に、宜昌モデルの最大の特徴は、人間味のある支援である。宜昌モデルでは、社区網格化管理における多くの隙間に焦点を当て、網格長のアウトリーチによる「ゼロ距離」というサービスを通じて、住民のニーズに対応する。

第二に、社区網格長は公募で選ばれている。革新的なメカニズムとして、宜昌では公募で、社区網格長の専門性と仕事の質を確保する。

第三に、ネットワークを重視する。宜昌モデルでは、社区網格化管理の実施

を契機に、公安、就職機構、食品監督、公共資源配分、社会調査などとつないで、各機能部門と網格長、ボランティアとの連携に焦点を当て、網格地域を完全にカバーするようになった。

4-2　モデル地域の実践の特徴のまとめ

　北京市東城区の社区網格化の実践の特徴は、デジタル化を重視することである。上海の社区網格化の実践の特徴は、多主体のチームワークの連携によって支援を提供することである。浙江省舟山市の社区網格化の実践は、草の根レベル地域での細かい支援を重視することが特徴的である。4つモデルの基本的な状況、具体的なやり方、特徴を表2-1にまとめた。

表2-1　社区網格化管理仕組みの地域の実践モデル

	北京東城区モデル	上海モデル	浙江舟山モデル	湖北宜昌モデル
実施年	2004年〜	2005年〜	2008年〜	2010年〜
基本的な状況	全国ではじめて社区網格化管理の仕組みを実施した地域	街道党委員会の指導的・中心的な立場を強化する	多主体のチームを形成する	人間本位、社区網格化、ICT 情報化、全力の支援
具体的なやり方	①網格地域を科学的に分割する ②社区網格化管理情報プラットフォームの構築	①ネットワークを広げる ②草の根の地域の党委員会を中心とする	①組織のリーダーシップを強化し、ルールや規則を整備する ②網格を合理的に分割し、管轄範囲を明確化する ③支援チームを作り、支援体制を改善する	①細かく網格を設ける ②公募によって網格長を募集する ③連携・速やかに解決すること・フィードバック・評価・監督・評価の過程を重視する
特徴	①支援より管理を行う ②協働が不十分 ③管理的な色合いが強い ④課題に速やかに対応できない	①党の建設を通して社区網格化管理を推進する ②社区治理を再構築する ③ルールや規則の作成をより重視する	①社区網格化支援チームの編成に重点を置く ②管理と支援の両方を重視する	①人間味のある支援 ②公募で募集 ③ネットワークを重視する

　実践が進むにつれて、社区網格化管理のあり方も変化している。以上のモデル地域の実践事例の整理を踏まえて、モデル地域の実践からの特徴を、次の4点にまとめる。

　①社会資源を草の根レベル地域までに届ける。

　北京東城区、上海の浦東新区、浙江省の舟山、、湖北省の宜昌の地域では、社会資源ICT情報プラットフォームを通して、草の根の地域にまで窓口を配置する。草の根の住民がより早く、より良いサービスが利用できるように実践している。

　②網格内の課題を柔軟的に解決する。

　網格内の地域で、資源を調整することによって、その場で解決できる問題は、網格の中で解決する。解決できない課題は、情報プラットフォームにアップロードされる。しかし、緊急の問題の解決を遅らせることにもなる。そのため、上海モデル以降では、通知方法が制限されなくなった。その改善により、問題はなるべく円滑に解決することが可能になった。

　③社区網格化の実践の中で、管理より支援に注目するようになった。

　浙江省舟山市は、多主体のチームワーク間の連携を重視している。その目標は「人間本位」であり、住民の問題に対応し、地域のトラブルを解決する。また、社区の調和の雰囲気形成を促進する。さらに、住民の意見や提案が関係機関に届けられるように、ボトムアップの対話チャネルが円滑に利用されている。

　④ICT情報技術を活用する。

　社区網格化管理の実現には、ICT情報技術が不可欠である。前述の社区網格化管理の代表的な4つのモデル地域は、いずれもICT情報技術システムを構築している。住民に関する情報を正確かつタイムリーに収集することができ、地域にとって多くの資源を節約することができる。

5　小　括

5-1　社区網格化管理の仕組みの展開の特徴と位置づけ

　これまで、社区網格化管理の仕組みの発展と展開を3つの時期に分けて整理した。それは、社会統制段階（1949年〜2000年）、社会統制段階から社会治理段階への転換段階（2000年〜2012年）、社会治理を実施する段階（2013年〜）である。社区網格化管理の仕組みは社会統制の段階から社会治理に転換する時期（2000年〜2012年）に模索され、2013年に全国で推進された。それを踏まえて、社区網格化管理の仕組みの発展を3つの時期に分けて整理した。第1期は、2004年から2013年にかけて、社会管理のあり方の改革を模索し、パイロット地域を通じて社区網格化管理を実施する段階である。第2期は、2013年から2019年にかけてで、各地の資源に応じて、社区網格化管理を正式に全国で推進する段階である。第3期は2020年以降で、COVID-19が発生し、危機対応の面でも社区網格化管理が大きな役割を果たして注目され、その重要性が認識されている時期である。

（1）第1期：2004年〜2013年

　この時期における社区網格化管理は、政府の一元的管理によって社会を統制する方式を変えるために実施された。パイロット地域での社区網格化管理の実践から、社区網格化の実施において、管理から住民へのサービス提供重視へと徐々に移行していったことが分かる。そして、ICT情報技術を通して、住民のニーズを早い段階で把握することで、住民の問題を解決する。このことで行政の機能を弱めることができるようになった。

　しかし、4つのパイロット地域での実践から、以下の3つの問題点が浮かび上がってきた。

　①支援を重視する傾向が強まっているが、課題を発見してから解決できるまでのプロセスが複雑で、緊急課題が速やかに解決できないという問題があ

る。網格長は課題を発見して、関係機関に報告し、関係機関によって支援
を提供するという過程を経る。しかし、調整の過程が煩雑で時間がかかる
ため、緊急の問題にはタイムリーに対応できない。

②社区網格長が住民と各主体のつなぎ役を果たす。しかし、一部の網格長は
社区居民委員会のリーダーが兼務するため、網格長の業務内容が行政の補
助業務に偏り、職務が明確になっていない。さらに業務量が多く、住民の
ニーズを把握する余裕がない。

③住民は地域づくりに参加する意欲が低く、地域自治の目的が達成されなか
った。

(2)　第2期：2013年〜2019年

　この時期には、パイロット地域の実践に基づいて、社区網格化管理の仕組み
を全国で推進するようになった。「城郷社区網格員工作規範」によると、社区
網格化管理の機能には、①基本情報収集、②社会調査の実施、③地域の安全上
の危険の調査・是正、④トラブルの解決、⑤危機介入、⑥政策・法律・規制の
推進、⑦公共サービスの代行、⑧データ分析の実施、⑨地域の活動の促進、⑩
党委員会、政府または上位の網格化支援センターから割り当てられた事項の実
施、という10の機能があった。

　このうち、③、④、⑤、⑥の項目は地域環境の管理に関する機能である。
①、②、⑧の項目は情報収集に関する機能である。⑩の項目が行政業務の補助
の機能である。⑨の項目が地域づくりの参加促進に関する機能である。項目⑦
だけは住民への支援に関する機能である。

(3)　第3期：2020年〜

　2020年から始まったCOVID-19の流行は、既成の社会秩序をあらゆる面で揺
るがしている中、ICT情報技術を活用した社区網格化管理の仕組みは大きな役
割を果たしている。長年にわたって網格化管理の仕組みを実践していたからこ
そ、公衆衛生の危機の中で、住民が安心して生活できるように、迅速かつ効果

的に情報収集を行い、住民の問題を解決することができた。

　以上の検討を踏まえ、社区網格化管理の仕組みについて、標準化、民主化、情報化、という特徴を持っていると考えられる。標準化については、統一された基準で網格地域を分割することである。民主化については、住民を第一に考え、住民の願いやニーズを理解して、それに応え、住民の受け入れを得ることである。情報化については、インターネット、地理情報技術、ビッグデータなどを基盤とした先端技術を応用し、社会のあらゆる資源を可能な限り統合して発信し、地域住民が利用できるようにすることである。デジタルモバイル端末や情報プラットフォームを活用して、大小さまざまな社区活動をモバイルで管理することで、いつでも情報を把握し、住民の支援にタイムリーにフィードバックできるようにする。

　社区網格化管理の仕組みは、地域環境の管理と住民への支援を統合し、科学的、効率的、多面的、全方位的なサービスにより、新しい状況における住民の多様なニーズに対応する。社区網格化管理の展開により、草の根の地域において、「大雑把な管理方式」から「細かく支援する方式」へと変化してきた。さらに、「政府主導」から「多主体による支援」へ変わってきた。これによって住民の問題をよりよく解決することができる。しかし、社区網格化管理に関する国の規制の内容を見ると、行政機関の業務の補助、党建への補助、地域管理の業務が多くみられ、住民への支援の提供についての内容が少ないという特徴がみられた。

　このように、社区網格化管理のメリットは、その実用的な適用範囲、包括性、多様性である。社区網格化管理の仕組みは、地理的な区分け、ICT情報プラットフォームの活用、網格長によるアウトリーチの3つの要素から構成されていることが分かった。また、社区網格化管理の仕組みは草の根レベル地域において、従来型の管理方式の革新の手段、ICT情報技術応用の基盤、ボトムアップのチャンネルとして位置づけられる。

5-2　網格長の活動の現状と課題

(1) 地域の管理業務が多い

　以上の検討を踏まえ、網格長の業務内容は、①共産党の業務に協力する、②健康管理業務、③必要に応じて家庭を訪問し、家族計画サービスやインセンティブ、サポートの収集、④労働・社会保障業務、⑤地域を守る、⑥ボランティア活動、⑦地域環境の維持、⑧環境保護監督業務、⑨不法投棄、住民からの苦情・通報、点検で発見された環境安全リスクへの助言・報告、⑩生産安全への取り組み、⑪火災安全作業、⑫その他の党委員会、政府と支援センターから割り当てられた事項を実施することがまとめられる。

　その中で、②と③は情報収集に関する業務、①と⑩は行政業務の補助、⑥はボランティア活動に関する業務、⑤、⑦、⑧、⑨、⑪は地域の管理に関する業務、④は支援業務である。

　このように、支援の機能を強調するにもかかわらず、網格長の業務では、住民への支援の提供よりも、地域環境の管理が中心にあることが分かった。

(2) 位置づけが曖昧

　網格長の社区における位置づけについて、地域の資源や実践の方式によって、社区に派遣された行政機関の職員、社区のスタッフという2つに分けられる（段 2020: 107）。

　第一に、社区に派遣された行政機関の職員である。上海モデルと同じように、網格長は、政府機関を通じて公募される。応募者は、試験と面接を受け、能力が高い人が選ばれる。網格長の給料が保証され、その業務能力は高いというメリットがある。デメリットは、行政のスタッフが草の根の地域で業務を行い、住民への支援より行政補助の仕事が多いだけでなく、業務が行政に管理され、業務上のストレスが大きいと考えられる。

　第二に、網格長は、社区のスタッフとして位置づけられている。しかし、社区の居民委員会のリーダーが網格長を兼任することが多い。このため、社区の

職員として業務を行い、住民の情報を把握しやすいメリットがあるが、一方で、仕事の職務と責任が明確でなく、仕事量が多い。

　このように、網格長は、非専門職であり、社区で働いている職員であると位置づけられる。

(3) 網格長のアウトリーチの必要性

　前述の検討を踏まえて、地域に出向き、網格長のアウトリーチによるニーズの発見の機能、情報の把握機能、資源の調整機能、連携の促進機能は日本のアウトリーチ支援の定義に照らし合わせて、類似するという結果がみられた。

　しかし、日本のコミュニティソーシャルワーカーや民生委員のアウトリーチ支援は、福祉サービスを中心とする生活支援を中心に対応するという特徴があり、上述の⑤地域を守る、⑦地域環境の維持、⑧環境保護監督業務、⑨不法投棄、住民からの苦情・通報、点検で発見された環境安全リスクへの助言・報告、⑩生産安全への取り組み、⑪火災安全作業、⑫その他の党委員会、政府と支援センターから割り当てられた事項を実施することのような地域環境の管理と行政補助の業務が行われない。

　網格長によるアウトリーチは、生活支援だけでなく、生活環境全般への幅広い対応を行うことがみられた。

　網格長によるアウトリーチの必要性は次の4点にまとめた。

①早期に情報を把握すること。網格長は定期的に地域を巡回し、地域の情報や危険性などに気づく。また、定期的に訪問することで、住民の情報を早い段階で把握することができる。

②未然に防ぐこと。網格長は、常に住民の家に訪問することで、住民の情報やニーズを把握し、迅速に助けるだけでなく、住民の状態や地域生活環境の安全性を把握することができる。問題が発生する前に予防し、事前に問題を把握することが可能である。

③孤立課題の改善。社区網格化管理の仕組みの展開の特徴の一つがICT情報

技術の活用である。しかし、ICT情報技術は住民への生活支援の提供で限界がある。

情報プラットフォームの活用により、住民との連絡はスマートフォンのアプリが用いられる。そのため、高齢者など情報機器の利用が難しい住民や、支援を拒否する住民が社会から切り離されるようになった。このような人々は、地域社会との情報交換のルートが狭くなり、地域の支援を利用する機会が限られてしまう。その結果、一部の人々のニーズが潜在化し、発見が難しくなってきた。このような状況の中、網格長のアウトリーチによって、社区の孤立している人を早期に発見し、信頼関係を構築しながら、支援を展開していた。

④資源の統合。網格長は発見した地域と住民の課題について既存の課題を調整しながら住民の課題を改善する。

　以上の検討を踏まえて、第3章では、中国東北部にある長春市B区における社区網格化管理の仕組みを支える網格長へのインタビュー調査、第4章ではアンケート調査を踏まえて、その実態を明らかにする。

小地域における支援の担い手の活動実態

中国の長春市B区の網格長のインタビュー調査をもとに

1 本章の目的

　第2章では、社区網格化管理の仕組みの展開の現状、課題を説明し、網格長の活動の現状と課題を提示した。これまで、先行研究で示した通り、社区地域には従来型の管理が残され、従来型の管理と支援の両方が地域に共存することは社区の自治を妨害し、地域活性化につながらない可能性があることが分かった。さらに、住民の課題もうまく解決できず、網格長の職務が不明確であるという課題もあった。また、研究動向の分析で、実践の視点から、管理と支援の二重機能を担っている網格長の活動実態の分析が足りないことを明らかにした。

　本章では、社区における網格化管理制度の実践者であり地域の最前線に立つ網格長の活動に焦点を当て、網格長へのインタビューとその分析を通して、管理と支援の二重役割を有する網格長の活動実態を明らかにすることを目的とする。

2 調査の概要及び研究の方法

（1）調査地域

　社区網格化管理の仕組みは、経済発展の著しい北京、上海、浙江などの沿海都市で最初に開発された。近年、社区網格化管理の仕組みの研究も、経済発展の著しい一級都市を中心に行われている。中規模都市における社区網格化管理の仕組みの実施に関する研究は、比較的少ない特徴がある。

　調査地長春市は、中国で最初に開発された工業基地の一つであった。改革開放政策の実施以来、長春は伝統的な産業基盤のさまざまな体質的・構造的問題により市場経済の波に乗り遅れ、急速に発展する華南・華東地区の経済と比較して相対的に後れをとっている。経済発展に伴い、多様な社会問題に対応するために、社会システムの革新が求められている。

　2012年、長春市は社区網格化管理の方法を模索し始めた。長春市は他の都

市での社区網格化管理の経験と成果を学び、研究分析と現場の状況との統合を通じて、2013年に「改革の全面的深化における若干の重大な問題に関する中共中央の決定」で社区網格化管理の仕組みが社区治理の重要な手段であると規定した後、各社区で社区網格化管理制度が実施され、「社区網格化管理情報プラットフォーム」を利用し、小地域レベルで住民の問題解決を開始した。長春市のB区は最初に社区網格化管理制度を導入した地域として、長年にわたる発展を経たのち、長春市の最先端パイロット地域になった。

(2) データの収集と分析

　本研究では、網格長による住民への関わりのプロセスの特性と、社区における住民のニーズへの対応方法を明らかにするために、網格長へのインタビューを行い、そのデータを用いて、継続的比較分析法（Glaser 1965）の手順に従って分析を行った。継続的比較分析法の特徴は、概念とデータの対応を重視し、人と人との相互作用やそのプロセス・変化を説明・予測できる理論の生成を目的とした研究方法である（萱間2007: 3）。その特徴は本研究の目的と合致すると判断し、分析方法として採用した。

　Glaser（1965: 439）は継続的比較分析の手順を①適用できる各カテゴリーとインシデント同士の比較、②カテゴリーとその特性の統合、③理論の範囲の設定、④理論の記述の4段階に分けている。本研究はこの手順に基づき分析を行った。①研究協力者から得られた中国語のインタビューデータを日本語に翻訳し、熟読した上で、「何らかの意味がとれそうなところ」をインシデントとして注目した。複数のインシデントで同じ意味であると判断したものを名づけ、コードとして生成した。②コード同士を繰り返し比較分析し、意味のまとまりがあるサブカテゴリーを生成した。継続比較することで、サブカテゴリーからカテゴリーに生成した。③カテゴリーとカテゴリーとの関係について分析を行い、ステージに分けた。④上記の分析に基づき、理論記述を行った。

(3) 研究協力者

　全国的な政策の実施は2013年ですが、本格的な実施に先立ち、多くの地域で網格化管理の試行が行われており、長春では2012年に導入された。社区網格化管理制度を実施している長春市B区の6つの社区の協力を得た。5年以上勤務していることを条件として、各社区から1名ずつ、計6名の網格長にインタビュー調査を行った。5年以上の勤務経験を条件とした理由は、長年勤務している網格長は支援の経験を蓄積しており、すでに住民との関わりが多いと考えられるためである。調査協力者の性別、年齢、担当年数は表3-1の通りである。調査は2018年3月に実施し、一回あたりのインタビュー時間は90分から120分程度であった。なお、許可を得てインタビューデータを録音した。

表3-1　調査協力者一覧

調査協力者	性別	年齢	担当年数
A	女性	45歳	8年
B	女性	35歳	5年
C	女性	48歳	8年
D	女性	37歳	7年
E	女性	46歳	6年
F	女性	38歳	5年

(4) インタビューにおける質問

　本調査では、最低限の質問の方向性として、調査協力者に対して次の質問を用意して、インタビューを行った。

　①あなたの仕事についてお話ししてください。そして仕事の中であなたが最も大切に思って取り組んでいることは何でしょうか？

　②あなたが実践を進めていく時、ご苦労されていること・工夫されていること・チャレンジしていることは何でしょうか？

（5）倫理配慮

　本研究では調査協力者にインタビューデータを研究目的以外に利用しないことを約束した上で調査の趣旨を説明し、調査の同意を得た網格長にインタビューを実施した。なお、本調査は東洋大学倫理審査委員会の承認を得ている（承認番号：H29-31S）。

3　網格長による住民への支援構造

　これらの方法によって得られたデータから、2ステージ、12カテゴリー、36サブカテゴリーが生成された。生成したステージ、カテゴリー、サブカテゴリー等を付録表1にまとめた。以下、ステージを【　】、カテゴリーを〈　〉、サブカテゴリーを「　」、コードを〔　〕と表記する。また、これらの分析の結果を、網格長による住民への支援構造として図3-1に示した。

　まず、全体的な構造として、網格長による住民支援は制度を含む社会資源で対応できるステージ1【一時的な困りごとを解決する】と、〈社会資源の不足〉の場合のステージ2【継続的な困りごとに対応する】という2つのステージに分けられる。【一時的な困りごとを解決する】ステージでは、業務として定められている住民の情報を収集しながら、自らその場で困りごとを解決することや社会資源に繋げることを通して、住民の日常的な困りごとを解決する。また、【継続的な困りごとに対応する】ステージでは、住民の継続的困りごとを解決し得る社会資源がないため、網格長自身が特別な配慮をしながら対応することである。

ステージ1：【一時的な困りごとを解決する】

　ステージ1では、網格長は困りごとがある支援対象者に対し、社会資源で対応できる【一時的な困りごとを解決する】。このステージでは、網格長は〈アンテナを張る〉、〈素早く対応する〉、〈最善の解決方法にこだわる〉、〈様子を確認する〉という4つのステップで住民を支援している。このステップを繰り返

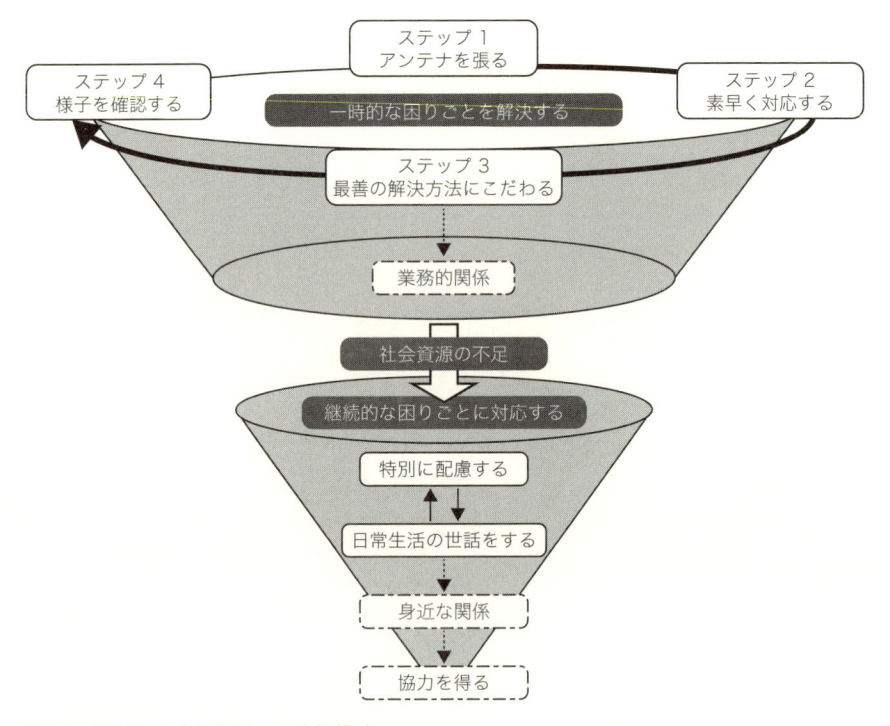

図3-1　網格長による住民への支援構造
出典：筆者作成

すことで、網格長は住民との間に役割としての業務上の信頼関係である〈業務的関係〉を形成している。

　しかし、ステージ2では、住民の困りごとに関係機関や支援提供主体が対応できない〈社会資源の不足〉が原因で、4つのステップを経ても問題が解決できない場合、【継続的な困りごとに対応する】網格長がいる。このステージでは、網格長は解決できない問題を抱える住民に対して〈特別に配慮する〉、〈日常生活の世話をする〉などのパターンがあらわれ、これらの行動を繰り返すことで、支援対象の住民と徐々に〈身近な関係〉を構築し、さらに支援が進行していくことで、網格長は日常的にその地域の住民から〈協力を得る〉という関係を構築している。

　以上を踏まえて、ここからは、網格長によるステージ１【一時的な困りごとを解決する】を４つのステップから説明する。

　ステップ１〈アンテナを張る〉は、住民の困りごとを発見・把握するため、網格長が「常時待機する」こと、また積極的に「問題を見つけ出す」という〈アンテナを張る〉段階である。例えば、網格長は自身を管理している行政機関から『（自分の所有する）業務用の携帯電話は24時間電源を切らない』よう要求されている。これによって、網格長は素早く〔水漏れ・ガス漏れの解決〕、〔火事への対応〕、住民の〔突然死への対応〕などの「緊急事態の解決」、〔開錠の対応〕、〔下水道の修理〕などの「日常生活の困りごとの解決」を行うため〔24時間待機する〕。さらに、住民から連絡がきた時や、緊急事態が発生した場合、速やかに対応できるように、網格長は〔昼夜を問わない〕、〔休日でも休まない〕ように「常時待機する」。また網格長は積極的に「問題を見つけ出す」ために、『ほぼ毎日網格を巡回し、歩きながら網格内の危険物や壊れた物を点検する』、『路上で住民に積極的に挨拶して、困りごとを聞き取る』ことによって〔地域を巡回して、問題を発見する〕。また、退役軍人・障がい者や高齢者の家に〔訪問して困りごとを聞き取る〕こともある。すなわち、網格長は困りごとに〈素早く対応する〉ために常に〈アンテナを張る〉。

　ステップ２は〈素早く対応する〉ことである。住民の困りごとに対応する場合、網格長は事態がそれ以上悪化しないように、関係機関に連絡したり、当事者の住民に連絡したりして、「速やかに動く」ことや、事故や事件の状況などを確認するため「急いで現場へ向かう」ことなどが求められている。

　ステップ３では〈最善の解決方法にこだわる〉ことによって問題を解決する。〈最善の解決方法にこだわる〉には、「意思疎通」、「対応方法を考え尽くす」、「需要に応える解決」、「社会資源を掘り起こす」の４つのパターンがある。

　困りごとの〔解決方法を検討する〕中で、納得できない住民に理解を求めるため、また、混乱状態に陥っている住民を落ち着かせるためには、〔話し合う〕などの住民との「意思疎通」が必要である。また、住民が受け入れやすい

方法で解決するために〔一番適切な対応策を探る〕ことや、〔人に応じて違う方法で対応する〕など「対応方法を考え尽くす」。

そして、問題の経緯を把握した上で、網格長は住民の問題を解決するために、行政、NPOなどの社会組織、水道会社、ガス会社、ボランティア、マンション管理会社などの〔各関係機関との協力〕を呼びかけたり、社区居民委員会による〔上司からのサポート〕を得ようとするなどそれぞれに合った方法で「社会資源を掘り起こす」ことで住民の「需要に応える解決」をしていく。

ステップ4〈様子を確認する〉は、一通り支援が終わった後に〈様子を確認する〉ことである。社区内での〔不法投棄の対応〕のような環境問題に対して、網格長は〔現場に赴き解決の結果を確かめる〕。また、「緊急事態の解決」の結果を確認するために、網格長は住民の家を訪問したり、電話等で連絡したりすることによって解決後の〔生活状況を確かめる〕など、住民の〈様子を確認する〉。そこで、問題が完全に解決できたと判断できれば、結果としてその住民の問題は解決したものとしてプラットフォームに報告する。

以上のように【一時的な困りごとを解決する】中で、4つのステップを経ることによって、住民に「認められる」、「理解される」など、住民と網格長の間で〈業務的関係〉が形成される。

ステージ2：【継続的な困りごとに対応する】

しかし、住民の問題を解決する〔サービスがない〕ことや他の専門職などに〔頼んでも対応してくれない〕などで「利用できるサービスがない」、サービスを「利用するまで時間がかかる」、上司や関係機関の「協力を得られない」など〈社会資源の不足〉があるとき、網格長は住民の【継続的な困りごとに対応する】ようになる。これが第2ステージである。

〈社会資源の不足〉によって、継続的な困りごとを抱える住民に対して、網格長は〈特別に配慮する〉ことを行い、業務外の〈日常生活の世話をする〉支援を提供する。その結果として支援対象の住民と〈身近な関係〉を形成し、地域住民から〈協力を得る〉ことができるようになる。

　具体的な流れでは、網格長はまず住民の事情を「理解する」ことや、「相手の立場で考える」。さまざまな〈社会資源の不足〉のために、仕方なく〔自腹で問題を解決する〕ことや〔私的人脈で問題を解決する〕という「自力で対応する」など〈特別に配慮する〉こともある。また、住民の生活上の細かい事柄について〈日常生活の世話をする〉。例えば、独居高齢者を繰り返し訪問することによって「安否確認する」ことや、一人暮らしや身体機能が低下した高齢者に「家事援助する」。また、そのような住民の代理人として公共料金の支払い、各種手続きを「代行する」ことや、〔一緒に窓口に行く〕、〔一緒に病院に行く〕など住民に「付き添う」。

　ステージ2の【継続的な困りごとに対応する】場合、網格長と住民は長期間の付き合いを通して「お互いに悩みを打ち明ける」「親密な人と思われる」関係までになる。さらに、網格長は彼らに〔生活の必要品を持っていく〕ことや〔春節に手土産を持っていく〕ことで、自ら進んで「自腹で世話する」ことになる。これらを通して、網格長と住民は業務上の関係を超えて親戚のような私的で〈身近な関係〉にもなる。また、網格内で〈身近な関係〉を多数形成することによって、「手伝ってくれる」「地域情報を得る」「活動への積極的参加を得る」といった住民からの自発的な〈協力を得る〉関係を形成することになる。

　このように、網格長が住民への支援を行う際には、【一時的な困りごとを解決する】ステージ1と【継続的な困りごとに対応する】ステージ2がある。この2つのステージは、一時的な困りごとから継続的な困りごとへの連続的な移行であるともいえるが、他方から見ると、支援のレベルが異なっており、社区網格化支援システムにおいて期待されている一般的な課題への対応である制度的支援から、それを超える個別の隙間のニーズへの対応になっていて、住民との関係も業務上の関係ではなく、身近な関係に移行している。このことを踏まえて、次に考察を行う。

4 網格長の活動実態

4-1 一般的なニーズへの対応

　網格長は、網格化管理の仕組みで定められた住民の一般的なニーズを解決するという役割を果たすために、アウトリーチを行いながら情報を収集し、情報プラットフォームに登録しながら支援を行う。

　また、網格長が行っていることは、単なる情報収集と日常の困りごとを解決することだけではなく、実際の仕事を行う中で住民の困りごとを解決するために、24時間待機する。つまり、勤務時間外でもアンテナを張り、問題を解決する際、最善の解決方法にこだわることで、住民の生活上の困りごとを解決しようとしている。このように、制度の枠内での一般的なニーズへの対応を行う際、網格長は自己の時間を犠牲にし、最善の方法で住民の困りごとを解決しようとしている。この理由は、①行政に業務を厳しく管理されていること、また②住民からも期待を受けているという点にある。

　①については、地方政府は網格長に、住民の個人情報の収集と担当地域を管理する権限を与えると同時に、網格長を厳しく管理している。まず、地方政府は業務の進展を常に追跡し、厳しく考課している。そして、社区網格化管理制度の実施に伴い、網格の機能が徐々に拡張されており、社区のすべての問題は網格を通して解決するようになった。②については、住民のニーズの多様化にともない、網格長が住民の困りごとに対応する場合住民からも期待を受けている。

　このように、網格長は行政の管理と住民の期待という二重のプレッシャーの下で、一般的なニーズに対応するために最善の解決方法にこだわる。このような住民との日々の関わりを通して、業務上の頼れる関係が形成されることになる。

4-2 隙間のニーズへの対応

　しかし網格長は、このような制度的な資源だけでは対応できない課題に直面

することがある。すなわち、網格長はアウトリーチを通して住民との関わりが深まるにつれて、住民の単なる困りごとを把握するだけではなく、住民の家庭状況も深く知ることになる。特に、網格内で、継続的な困りごとを抱えている住民を発見した場合、まずは関係機関に報告して、社会資源と結びつけることによって支援を提供しようとするが、報告しても、住民の継続的な困りごとを解決してくれる資源がない場合もある。

　そのような社会資源の不足によって、制度だけで解決できない継続的な困りごとは隙間のニーズと考えられる。そうなると、網格長は目の前の困りごとを無視することができず、業務外のことであるにもかかわらず、支援を提供する必要に迫られる。

　ステージ2の分析で示したように、網格長は、解決に有益な資源がない場合でも、目の前の困っている住民を無視することができない。網格長は、「誰でも困る時があるでしょう」と共感しながら、住民の日常生活の世話をする。そして時間が経つにつれて、徐々に個人的な親しい関係が形成され、「心配なので、業務が終わった後、必ずお婆さん（筆者注：見守り対象の人）の家に寄ってから帰る」（EF）と語ったように、網格長は職務に規定されていないことでも、心配な人のために献身的に対応する。このような長期間の関わりを通して、住民と業務上の関係を超えて、親戚のような関係になり、「春節の直前に、果物などを買って、独居のお婆さんの家に持っていく」（BCD）など、自ら進んで自腹で世話することもある。こうして、個人的な親しい関係になり、網格長は職務に規定されていないことでも献身的に対応し、住民と身近な関係を形成している。

　このような、網格長による住民への隙間ニーズに対する支援は、社会的にいえば制度では漏れてしまう部分への補足であると言える。ただし、単なるサービスの補足ではなく、個人による献身的な支援によって、業務上の関係を超えて、住民との人と人との関係に入り込んだ支援を展開している。

　これらの支援行動を繰り返し、住民との関係が深まるにつれて、網格長が住民を制度によって支援する関係だけでなく、住民が網格長に協力する関係が形

成され、それは社区全体の支援ネットワークにつながっていく。その結果として、多くの住民と網格長の信頼関係が形成され、住民に積極的に情報を提供してもらい、住民の協力を得ることによって地域問題を解決することになる。例えば、住民間のトラブルがあった時、網格長は直接現場に行かなくても、網格長と関係の良い住民に「来なくてもいいよ、大したことじゃないから、私たちがあなたの代わりに解決に行く」ことを教えられ、住民がトラブルを調整してくれる。また、認知症のお婆さんを見守ってくれることや、地域と住民の情報を教えてくれる。このような、住民の一般的なニーズへの対応と隙間のニーズへの対応を行っていく中で、住民と網格長が協力し合うという良いサイクルが生じ、新たな隙間ニーズを速やかに発見することができ、社区内の支援が円滑に進むようになるといえる。

　もちろん、積極的に動き、一般的なニーズと隙間のニーズへの対応を展開することは容易ではない。網格長は住民の困りごとを解決できない場合もある。支援が住民の望んでいない結果になったとき、住民に誤解されたり、拒否されたり、侮辱されることもあった。それに対して、網格長は住民の気持ちを理解し、受け入れながら、信頼関係の回復を目指して忍耐強く住民を支援する。また、信頼関係は短期間で形成されるものではない。網格内にある網格長と住民の人と人との信頼関係は網格長による継続的な働きかけの結果生じたものである。

　先行研究で指摘されているように、網格長には管理機能がある一方で住民への支援機能が求められている。網格長は一般的に行政の代理人として認識され、地域と住民の情報を管理しながら、住民の日常的な困りごとを解決するとされている。この点は、分析結果における網格長の住民の一般的なニーズへの対応と合致する。しかし、本研究の分析結果では、網格長は住民の一般的なニーズに対応するほか、社会資源が足りないことによる隙間ニーズにも対応している。さらに、一般的なニーズへの対応と隙間ニーズへの対応によって、住民と信頼関係が生じ、住民と網格長が協力し合う関係になっている。この点は今まで先行研究では指摘されておらず、本研究によって得られた新しい知見だと考えられる。

4-3　意義と限界

　単位制の解体後、都市部の社区は受け皿として、単位から剥離された統制機能と生活支援機能を引き受けている。李（2014: 175）が「特に国有企業からリストラされた人々や、定年退職した人々の生活、医療保障や、福祉の問題について、政府は社会保障制度や医療制度を設けることによってカバーしようとするが、それらの制度が厳しい現状に応えるものとして機能することはまだ程遠いと言わざるを得ない」と指摘したように、社会構造の変化により制度で支援を提供しようとしても、応えきれないニーズがある。

　社区はこれらの隙間ニーズを発見し、対応する機能を担うようになった。しかしながら、都市化の進展と住民のニーズの多様化に伴い、政府の主導での社区サービスシステムは住民のすべての問題に対応しきれなくなった。そのため、地域に隠れた隙間のニーズをすぐ発見し、資源とつなげるために社区網格化管理制度を導入したのであるが、それでも十分な対応にはなっていない。また、網格長が支援を継続していく中で、網格長の支援に過度に依存してしまうと、住民の問題の増加とともに、担い手不足になってしまうなどの課題が考えられる。また、本研究では、6名の網格長のインタビューデータをもとに、網格長による住民への支援の分析を行い、網格長の活動の特徴を明らかにしている。今後は、このような質的な研究を増やすだけでなく、アンケート調査を行い、量的な検討をする必要があることも重要である。

※本章は、劉（2021）が日本社会福祉学会関東部会『社会福祉学評論』に掲載した論文に基づいている。

第4章

小地域担い手の活動の実態に影響を与える要因

質問紙調査をもとに

1 本章の目的

　2019年の中国共産党第19期中央委員第4次全体会議では、社区治理の実施を革新し、住民への支援機能を発揮することの重要性が改めて強調された。

　網格化管理制度の実施においては、行政機関の仕事を補助する管理的な仕事と住民への支援の機能が共に含まれている。この点について、葉（2019: 174）は、全国の1500地区に対して行った網格化管理制度の実施に関する質問紙調査の結果により、76.5％の社区で実施している網格化管理制度の構造に「官僚的構造」（網格地域が行政と上下関係を結び、網格長が行政機関を補佐するマネジメント機能を担う）と「ネットワーク的構造」（網格長の積極的な働きかけにより、多主体の力と連携して住民の問題を解決する）の両方が含まれていることを明らかにし、「官僚的構造」は社区治理を妨害すると述べた（葉2019: 16）。それは、網格化管理制度の実践者である網格長が行政機関を補佐する管理的業務を多くするほど、地域活性化を妨害し、住民のニーズの発見や支援を提供することが難しくなるからである。

　また、第3章の調査で、著者は網格長の実践活動に焦点を当て、管理と支援の二重の役割を有する網格長の活動の実態を明らかにした。さらに、支援において、網格長は住民の一般的なニーズへの対応のほか、社会資源が足りないことによる隙間ニーズにも対応している。このように網格長は、一般的ニーズと隙間ニーズの両方に対応することによって、住民との信頼関係が生じ、住民と網格長が協力し合う関係になっていることを明らかにした。

　しかし、管理機能と支援機能の二つの機能が混在することで、重い負担を強いられる網格長について、管理と支援に影響を与える要因や、網格長のモチベーションに及ぼす影響要因、網格長と住民との関係形成に影響を与える要因が何であるかについての検証は行われてこなかった。

　そこでこの章では、網格長の管理業務と支援業務に関するアンケート調査を実施し、管理と支援の内容をより詳しく明らかにするとともに、それらにどのような要因が影響しているかについて検討する。

主な研究の関心として、次のような命題を設定する。

①管理／支援の業務は、網格長の意識にどのような影響を与えているか。

②管理／支援の業務は、網格長のモチベーションにどのような影響を与えているか。

③管理／支援業務の意識、住民との関係形成、モチベーションの間にはどのような関係があるか。

また、この研究では、先行研究の検討結果と第3章の定性的調査から得られた網格長の支援実態をもとに下記の仮説に基づいて実施した定量的調査のデータを検証する。

①個人属性と業務属性は、管理業務と支援業務意識に影響を与える。

②個人属性と業務属性は、住民との関係形成に影響を与える。

③個人属性と業務属性は、網格長のモチベーションに影響を与える。

④管理業務は住民との関係形成に負の影響を与える。

⑤支援業務は住民との関係形成に正の影響がある。

⑥関係形成はモチベーションに正の影響がある。

2　調査の概要及び研究の方法

（1）調査地域・対象・期間・項目

　2020年6月〜12月にかけて、第3章と同じ地域である中国長春市B区のすべての網格長501名を対象に、「住民に対する網格長による支援の実態と意識」を調査した。郵送によって調査票を配布し、245名から調査票を回収した。回収率は49％であった。

　調査項目は、第3章のインタビュー調査において得られた結果を用いて、住民への管理／支援行動、住民との関係、管理／支援に関する意識、仕事をする

上での困難、仕事のモチベーション、個人属性及び地域性の7項目で構成した（表4-1）。

第1項目では、網格長が住民の情報を収集すること、管理と支援の実施実態について尋ねた。第2項目では、住民との関係形成について尋ねた。第3項目では、管理と支援の意識について尋ねた。第1項目から第3項目は質的調査の結果をもとに設定した。第4と第5項目では、網格長が感じた困難と仕事のモチベーションについて尋ねた。第6と第7項目は回答者の個人属性と所属地域について尋ねた。

表4-1　調査項目と回答方法

1. 住民への支援行動
問1　情報収集に関する仕事（4項目）
問2　住民への支援の実施程度（37項目）
2. 住民との関係
問3　住民との関係（9項目）
3. 管理と支援に関する意識
問4　管理と支援の意識（1項目）
問5　管理と支援の意識（36項目）
4. 仕事をする上での困難（問6）
問6　感じた困難（19項目）
5. 仕事のモチベーション
問7　続けられる理由（17項目）
6. 個人属性
年齢、性別、勤務先、勤務年数、収入、最終学歴
7. 地域属性
担当世帯数、管理会社がない団地数、社会組織数、ボランティア団体数、社会工作者数

（2）分析方法

本調査は、SPSS26.0を用いて以下の分析方法により行われた。

第一に、回答の全体的特徴を把握するために、質問紙調査の構成項目ごとに単純集計を行った。

　第二に、観測された「問 3　関係形成」、「問 5　管理／支援意識」、「問 7　モチベーション」の変数がどのような潜在的な因子から影響を受けているかを探るために、因子分析を行い、下位尺度の関連を検討した。

　第三に、主な研究関心の①、②を検証するため、個人属性／業務属性が各変数に与える影響を検討するために、平均を比較する一元配置分散分析を用いて、分析を行った。

　第四に主な研究関心の③を検証するため、変数間の関係性を検討し、パス図で関係形成に影響する「因果モデル」を描いた。

　本調査は、東洋大学大学院の倫理審査委員会の承認を受けて実施した。調査協力を依頼する際、調査票は個人ごとに無記名で回答することと個人情報に関する秘密の厳守について述べ、了承を得た上で回答してもらった（承認番号：2019-14S）。

　なお、本調査は 2019 年度公益財団法人ユニベール財団研究助成事業、研究課題名「中国都市部社区におけるアウトリーチの支援に影響与える要因――長春市 A 区小地域リーダー（網格長）への質問紙調査による」による助成を受けて行った。

3　調査の結果

3-1　全項目の概要

（1）個人属性

　網格長の個人属性について表 4-2 に示した。

　年齢については、20 代 13 名（5.3%）、30 代 105 名（42.9%）、40 代 121 名（49.4%）、50 代 6 名（2.4%）である。40 代が 121 名（49.4%）で最も多く、全体的に 30 代～ 40 代（全体の 92.3%）が多いことが分かる。

　次に性別をみると、女性が 167 名（68.2%）、男性が 78 名（31.8%）であり、女性が多いことが分かる。

勤務年数について、1 ～ 3 年 99 名（40.4%）が一番多く、次は 4 ～ 6 年 78 名（31.8%）で、7 年以上は 67 名（27.3%）と、最も少ないことが分かる。

表 4-2　回答者の属性

	項目	n	%
年齢	20 代	13	5.3
	30 代	105	42.9
	40 代	121	49.4
	50 代	6	2.4
性別	女性	167	68.2
	男性	78	31.8
勤務年数	1 ～ 3 年	99	40.4
	4 ～ 6 年	78	31.8
	7 年以上	67	27.3
網格長の単独収入：基本給	0~1750 元	57	23.3
	0~2250 元	62	25.3
	0~2270 元	66	26.9
	2270 元以上	59	24.1
網格長の単独収入：業績給	なし	130	53.1
	300 元まで	52	21.2
	300 元以上	62	25.3
網格長の全収入	2100 元まで	85	34.7
	2101 元～ 2500 元	97	39.6
	2501 元以上	62	25.3
最終学歴	中卒以下	44	18
	高卒まで	35	14.3
	大卒以上	165	67.3

注：欠損値が含まれる。

　網格長の基本給について、1750 元までが 57 名（23.3%）で最も少なく、次は、2250 元までが 62 名（25.3%）である。2270 元までが最も多く 66 名（26.9%）であり、それ以上は 59 名（24.1%）である。

　網格長の業績給について、0 元が 130 名（53.1%）で最も多い。次は、300 元以上が 62 名（25.3%）であり、一番少ないのは 300 元以下で 52 名（21.2%）である。

最終学歴については、中卒以下が44名（18%）、高卒が35名（14.3%）で一番少なく、大卒は165名（67.3%）で一番多かった。

以上の結果から、回答者の中で、30代〜40代が最も多いため、キャリアアップの過程にあると考えられる。

網格長の全収入は基本給と業績給で構成され、一か月2101元〜2500元の給料をもらっている回答者が多く、給料が低い傾向がみられる。さらに、業績給が0元の網格長が一番多いことから、大多数の網格長は業績給をもらえず、関係機関に厳しく評価されていることが分かる。

また、学歴について、多くの網格長は大卒である。先行研究によると、網格長の学歴は低いとされているが、今回の調査の回答者は教育レベルが高いことが分かる。

（2）業務属性

地域属性について、表4-3に示した。担当世帯数について、200〜300世帯を担当する網格長が106名（43.3%）で一番多く、301〜500世帯を担当するのは85名（34.7%）であり、501世帯以上を担当するのは52名（21.2%）で一番少ない。

所属地域において、管理会社がない団地を管轄しているのは158名（64.5%）で、管轄していないのは83名（33.9%）である。

連携している社会組織の数について、2つの社会組織と連携している網格長が76名（31%）で一番多い。3つ以上の社会組織と連携している網格長は51名（20.8%）である。

連携しているボランティア団体の数について、2つのボランティア団体と連携している網格長が80名（32.7%）で一番多い。全く連携していない網格長は42名（17.1%）で一番少ない。

連携している専業社会工作者[1]の人数について、0人と答えた網格長は123名

1　専業社会工作者：資格あり、専業で専門的な支援を行うソーシャルワーカー。

（50.2%）で一番多い。1～2人と答えた網格長が一番少なく57名（23.3%）である。

表4-3　地域性の個人属性

項目		n	%
担当世帯	200～300世帯	106	43.3
	301～500世帯	85	34.7
	501世帯以上	52	21.2
	合計	245	100.0
管理会社がない団地	管轄している	158	64.5
	管轄していない	83	33.9
	合計	245	100
サービスを提供する社会組織の数	なし	57	23.3
	1つ	59	24.1
	2つ	76	31.0
	3つ以上	51	20.8
	合計	245	100.0
ボランティア団体の数	なし	42	17.1
	1つ	53	21.6
	2つ	80	32.7
	3つ以上	70	28.6
	合計	245	100.0
連携している専業社会工作者の人数	0人	123	50.2
	1~2人	57	23.3
	3人以上	63	25.7
	合計	245	100.0

　以上の結果から、調査対象者が所属する地域において、管理会社がない団地を担当していると答えた者が半分以上を占めているため、網格長は管理会社の協力を得ずに、自力で管理／支援を提供していることが分かる。また、社会組織、ボランティア団体、専門職の社会工作者と連携する網格長は少ない傾向がみられる。

（3）活動頻度の単純集計の結果
　網格長による情報収集の行動を単純集計した結果を表4-4に示した。

　情報収集の行動については、229名（93.5%）の網格長は半年間の内、携帯電話の電源を切ったのは0日間であった。

　一週間で平均5〜10回網格を巡回する網格長は159名（64.9%）で一番多く、0〜4回巡回するのは85名（34.7%）である。

　一週間で一般住民の家を訪問する回数については、5〜10回が130名（53.1%）で一番多く、0〜4回訪問するのは114名（46.5%）である。

　一週間で社会的弱者の家を訪問する平均回数については、0〜4回が130名（53.1%）で一番多く、5〜10回は114名（46.5%）である。

　以上の結果から、大多数の網格長は半年間、24時間仕事に関する携帯の電源を切らず、常に待機している状況が読み取れる。網格を巡回する回数と一般住民の家を訪問する回数は社会的弱者の家を訪問する回数より多い傾向がみられる。

表4-4　情報収集の行動

		n	%
問1-1 半年間で、何日間完全に仕事に関する携帯電話の電源を切りましたか？	0日間	229	93.5
	1日間以上	15	6.1
	合計	244	99.6
		n	%
問1-2 一週間で、平均何回網格を巡回しますか？	0〜4回	85	34.7
	5〜10回	159	64.9
	合計	244	99.6
		n	%
問1-3 一週間で、平均何回一般の住民の家を訪問しますか？	0〜4回	114	46.5
	5〜10回	130	53.1
	合計	244	99.6
		n	%
問1-4 一週間で、平均何回社会的弱者の家を訪問しますか？	0〜4回	130	53.1
	5~10回	114	46.5
	合計	244	99.6

（4）住民への管理／支援行動の単純集計の結果

網格長が住民への管理および支援に関する行動について、「次の住民支援に関する行動をどの程度実施していると考えますか」と質問し、その回答を単純集計した結果を表4-5に示した。

これによると、5件法（全くしない1点、あまりしない2点、どちらともいえない3点、ある程度する4点、十分にする5点）の項目のうち、平均値が最も高いのは「仕事用の携帯電話は24時間つながる。」(4.35) である。以下、「住民から連絡がきたら、即座に現場へ向かう。」(4.29)、「住民に対して社区イベントを周知する」(4.25)、「住民から業務時間外に連絡が来た場合も対応する。」(4.25)、「住民宅を訪問し、住民の日常的困りごとを聞き取る。」(4.23)、「住民の立場に立った支援を行う」(4.23) という順になる。

それに対して、管理と支援の行動が低い項目は「住民の困りごとを解決するために、私費を投じる。」(3.2)、「公共料金の支払いに困る住民に対し料金の支払いを代行する。」(3.49)、「行動面の制約が原因で洗濯や掃除という家事援助を手伝う。」(3.52)、「私費で独居高齢者や生活困難者等を支援する。」(3.56)、「住民の困りごとを解決する際に、自身の人脈で問題を解決する。」(3.66) である。

質的調査をもとに抽出した「支援・管理の行動」項目の平均値はすべて3点以上で、「十分にする」という評価が多かった。

表4-5　住民への管理／支援行動

	項目	平均値（A）	標準偏差（B）	A+B
1	仕事用の携帯電話は24時間つながる	4.35	0.895	5.245
2	住民から業務時間外に連絡が来た場合も対応する	4.25	0.858	5.108
3	不審者、壊れた建物を発見するために地域を巡回する	4.16	0.838	4.998
4	住民宅を訪問し、住民の日常的困りごとを聞き取る	4.23	0.878	5.108
5	住民の家族構成に関する情報を収集する	4.22	0.851	5.071
6	仕事が始まる前の時間でも住民の家に訪問する	3.98	0.958	4.938
7	仕事が終わっても、住民の家に訪問する	3.77	1.003	4.773
8	住民から連絡がきたら、即座に現場へ向かう	4.29	0.806	5.096

項目		平均値（A）	標準偏差（B）	A+B
9	本人と一緒に困りごとの解決方法を検討する	4.16	0.872	5.032
10	本人のニーズを抽出し、個別的に対応する	4.13	0.834	4.964
11	住民の困りごとを解決する際に、各関連機関の協力を調整する	4.16	0.878	5.038
12	住民の困りごとを解決する際に、上司のサポートを得る	4.06	0.864	4.924
13	住民の困りごとを解決する際に、自身の人脈で問題を解決する	3.66	1.073	4.733
14	住民の困りごとを解決するために、私費を投じる	3.2	1.209	4.409
15	既存の社会資源を活用し、問題解決を図る	3.79	1.021	4.811
16	問題解決のために、新しい社会資源を作り出す	3.78	1.058	4.838
17	問題解決後の状況を確認する	4.1	0.951	5.051
18	住民の立場に立った支援を行う	4.23	0.86	5.09
19	独居高齢者の安否確認をする	4.11	0.864	4.974
20	公共料金の支払いに困る住民に対し料金の支払いを代行する	3.49	1.12	4.61
21	単独では行政窓口や病院に行けない住民に付き添う	3.8	1.022	4.822
22	行動面の制約が原因で洗濯や掃除という家事援助を手伝う	3.52	1.02	4.54
23	住民間のトラブルを調整する	3.92	0.957	4.877
24	住民の婚姻証明書や居住証明書などの行政文書を作成する	4.03	1.02	5.05
25	住民に対して中央政府の意向を住民に伝達する	4.2	0.885	5.085
26	住民に対して社区イベントを周知する	4.25	0.835	5.085
27	住民代表者の選挙を推進する	4.1	0.963	5.063
28	住民の困りごとを行政機関と共有する	4.14	0.904	5.044
29	住民の要望を行政部門に伝える	4.19	0.892	5.082
30	住民の要望を社区リーダーに伝える	4.19	0.859	5.049
31	住民のお互いの協力を促進する	4.16	0.867	5.027
32	専門社会工作者と連携し、住民の困りごとを解決する	3.87	1.006	4.876
33	専門社会工作者の仕事に協力する	3.9	1.017	4.917
34	住民に誤解された場合、忍耐する	4.07	0.938	5.008
35	訪問を拒否されたら、とりあえず帰る	4.09	0.878	4.968
36	私費で独居高齢者や生活困難者等を支援する	3.56	1.212	4.772
37	住民とのトラブルがあった場合、問題解決することを通して、関係を直す	4.13	0.912	5.042

（5） 関係形成の単純集計の結果

住民との関係形成の単純集計の結果を表4-6に示した。

これによると、5件法（全くしない1点、あまりしない2点、どちらともいえない3点、ある程度する4点、十分にする5点）の項目の平均値が一番高いのは住民との関係形成について、「住民と友人のような関係になる」で4.04である。以下、「住民は積極的にあなたに個人情報を提供する」(3.91)、「住民にあなたが宣伝した活動へ積極的に参加してもらう」(3.91) という順になる。それに対して、「住民はあなたに感謝するため、水や果物のような食べ物を贈る」は2.88で最も少ない。

質的調査をもとに抽出した「関係形成」に関する項目の3項目を除きすべてが3点以上であり、住民との関係について肯定的に評価されている傾向がみられた。

表4-6　関係形成の単純集計の結果

	項目	平均値 (A)	標準偏差 (B)	A+B
1	住民は問題が生じた際、あなたに連絡する	3.95	0.867	4.817
2	住民はあなたの職務について理解している	3.78	0.913	4.693
3	住民はあなたに感謝するため、水や果物のような食べ物を贈る	2.88	1.208	4.088
4	コミュニケーション可能な高齢者とお互いに悩みを打ち明ける	3.53	1.129	4.659
5	住民と友人のような関係になる	4.04	0.86	4.9
6	近所の高齢者の見守りを隣近所に行ってもらう	3.85	0.865	4.715
7	住民から地域情報について教わる	3.78	0.869	4.649
8	住民にあなたが宣伝した活動へ積極的に参加してもらう	3.91	0.919	4.829
9	住民は積極的にあなたに個人情報を提供する	3.91	0.917	4.827

（6） 管理／支援意識の単純集計の結果

網格長が行う管理や支援に対する意識について、「以下の業務内容を管理業務と考えますか」と質問し、その回答を単純集計した結果を表4-7に示した。これによると、5件法（全くそう思わない1点、あまりそう思わない2点、どちらと

もいえない3点、やや思う4点、非常に思う5点）の項目の平均値からみると、管理意識が高い項目は「住民の婚姻証明書や居住証明書などの行政文書を作成する」（3.66）である。その次は、「中央政府の意向を住民に伝達する」（3.57）、「住民の要望を行政部門に伝える」（3.53）、「住民代表者の選挙を推進する」（3.48）、「不審者、壊れた建物を発見するため地域を巡回する」（3.46）という順である。

　それに対して、管理意識が低い項目は「住民の困りごとを解決するために、私費を投じる」（2.44）、「私費で独居高齢者や生活困難者などを支援する」（2.62）、「仕事が終わった後でも、住民の家を訪問する」（2.64）、「住民の困りごとを解決する際に、自身の人脈で問題を解決する。」（2.67）、「公共料金の支払いに困る住民に対し料金の支払いを代行する。」（2.7）であった。

　この結果から、行政に協力し、住民の情報を伝達する業務が管理業務であり、私的時間を投じて、住民の困りごとを解決する業務は支援業務と判断されていることが分かった。

　質的調査をもとに抽出した「支援／管理の意識」項目の平均値は3点以上が多く、管理の仕事に対する意識は高いとみられる。前述（4）における住民への管理および支援行動に関する結果から、網格長は自身の業務を支援行動と捉える傾向があることが分かった。しかし、実際に行った業務については、管理業務としての意識が強いことが明らかになった。

表4-7　管理／支援に対する意識の単純集計の結果

	構成項目	平均値（A）	標準偏差（B）	A＋B
1	仕事用の携帯電話は24時間つながる	2.84	1.478	4.318
2	住民から業務時間外に連絡が来た場合も対応する	2.99	1.496	4.486
3	不審者、壊れた建物を発見するために地域を巡回する	3.46	1.278	4.738
4	住民宅を訪問し、住民の日常的困りごとを聞き取る	3.15	1.436	4.586
5	住民の家族構成に関する情報を収集する	3.38	1.384	4.764
6	仕事が始まる前の時間でも住民の家に訪問する	2.94	1.349	4.289
7	仕事が終わった後でも、住民の家を訪問する	2.64	1.371	4.011
8	住民から連絡がきたら、即座に現場へ向かう	3.18	1.295	4.475

構成項目		平均値 (A)	標準偏差 (B)	A＋B
9	本人と一緒に困りごとの解決方法を検討する	3.02	1.326	4.346
10	本人のニーズを抽出し、個別的に対応する	2.98	1.365	4.345
11	住民の困りごとを解決する際に、各関連機関の協力を調整する	3.17	1.283	4.453
12	住民の困りごとを解決する際に、上司のサポートを得る	3.30	1.308	4.608
13	住民の困りごとを解決する際に、自身の人脈で問題を解決する	2.67	1.304	3.974
14	住民の困りごとを解決するために、私費を投じる	2.44	1.219	3.659
15	既存の社会資源を活用し、問題解決を図る	2.91	1.259	4.169
16	問題解決のために、新しい社会資源を作り出す	3.04	1.289	4.329
17	問題解決後の状況を確認する	3.08	1.258	4.338
18	住民の立場に立った支援を行う	3.14	1.363	4.503
19	独居高齢者の安否確認をする	3.15	1.331	4.481
20	公共料金の支払いに困る住民に対しの支払いを代行する	2.70	1.38	4.08
21	単独では行政窓口や病院に行けない住民に付き添う	2.75	1.355	4.105
22	行動面の制約が原因で洗濯や掃除という家事援助を手伝う	2.70	1.339	4.039
23	住民間のトラブルを調整する	3.23	1.36	4.59
24	住民の婚姻証明書や居住証明書などの行政文書を作成する	3.66	1.25	4.91
25	中央政府の意向を住民に伝達する	3.57	1.373	4.943
26	住民に対して社区イベントを周知する	3.44	1.343	4.783
27	住民代表者の選挙を推進する	3.48	1.24	4.72
28	住民の困りごとを行政機関と共有する	3.45	1.228	4.678
29	住民の要望を行政部門に伝える	3.53	1.268	4.798
30	住民の要望を社区リーダーに伝える	3.41	1.262	4.672
31	住民のお互い協力を促進する	3.18	1.327	4.507
32	専門社会工作者と連携し、住民の困りごとを解決する	3.22	1.248	4.468
33	専門社会工作者の仕事に協力する	3.24	1.359	4.599
34	住民に誤解された場合、忍耐する	2.95	1.349	4.299
35	訪問を拒否されたら、とりあえず帰る	3.03	1.344	4.374
36	私費で独居高齢者や生活困難者などを支援する	2.62	1.405	4.025

(7) 仕事をする上での困難に関する単純集計の結果

仕事をする上での困難に関する単純集計の結果を表4-8に示した。

5件法（全く当てはまらない1点、あまり当てはまらない2点、どちらともいえない3点、ある程度当てはまらない4点、非常に当てはまる5点）での回答項目のう

ち、平均値が高かったのは、「24時間対応しなければならない」(3.46)、「休みの日でも困りごとに対応する」(3.33)、「疲れるだけで割に合わない役目である」(3.3)、「行政に頼まれる仕事が多い」(3.21)、「網格長の担い手が不足している」(3.08)である。

　それに対して、平均値が低い項目は、「住民に職務を認識されない」(2.4)、「住民に協力してもらえない」(2.48)、「住民といい関係が作りにくい」(2.57)、「いつでも緊急事態に対応するのが大変である」(2.73)、「住民から厳しく監督される」(2.78)である。

　この結果から、行政に協力する仕事と、業務外でも対応することが仕事をする上で困難と判断されていることが分かる。

表4-8　仕事をする上での困難に関する単純集計の結果

	項目	平均値（A）	標準偏差（B）	A+B
1	関係機関が協力してくれない	2.75	1.114	3.864
2	住民に職務を認識されない	2.40	1.145	3.545
3	住民に協力してもらえない	2.48	1.092	3.572
4	疲れるだけで割に合わない役目である	3.30	1.217	4.517
5	行政に頼まれる仕事が多い	3.21	1.274	4.484
6	責任が不明確	2.98	1.18	4.16
7	職権が不明確	2.89	1.193	4.083
8	住民から厳しく監督される	2.78	1.238	4.018
9	休みの日でも困りごとへ対応する	3.33	1.138	4.468
10	24時間対応しなければならない	3.46	1.202	4.662
11	理不尽な住民がいるため、仕事が難しい	2.89	1.098	3.988
12	網格長の担い手が不足している	3.08	1.134	4.214
13	網格長ための保障制度がない	3.07	1.134	4.204
14	行政に強く管理されている	3.06	1.159	4.219
15	日報を書くのは大変である	2.92	1.176	4.096
16	住民といい関係が作りにくい	2.57	1.064	3.634
17	情報収集する際に家に招き入れられない	2.58	1.078	3.658
18	独居高齢者を見守る仕事が大変である	2.64	1.045	3.685
19	いつでも緊急事態に対応するのは大変である	2.73	1.233	3.963

(8) 仕事のモチベーションの単純集計の結果

仕事のモチベーションの単純集計の結果を表4-9に示した。

仕事のモチベーションの5件法（全く当てはまらない1点、あまり当てはまらない2点、どちらともいえない3点、ある程度当てはまらない4点、非常に当てはまる5点）での回答項目のうち、平均値が高かった項目は、「社会に貢献できる」(4.01)、「自分の人生価値を実現するため」(4.01)、「やりがいを感じている」(3.98)、「家庭関係、近隣関係の調和を促進するため」(3.9)、「住民に認められたため」(3.82)、「住民と友だちのような関係になったため」(3.81) である。

それに対して、平均値が一番低い項目は、「社会的地位、社会的名声、権威、面子を保つため」(2.37) であり、以下、「忙しくないため」(2.43)、「キャリア形成になることである」(3.04)、「社会資源（例えば人脈）を得るため」(3.05) の順である。

この結果を見ると、社会に貢献できることや自分の人生価値を実現すること、仕事にやりがいを感じること、住民に認められたこと、さらに住民と友だちのような関係を築けたことなど、内的な要因がモチベーションとなっていることがわかる。これに対して、社会的地位の獲得やキャリアアップといった外的な物質的要因は、仕事のモチベーションになっていない。

表4-9　仕事のモチベーションの単純集計の結果

	項目	平均値（A）	標準偏差（B）	A+B
1	住民とコミュニケーションするのが好きである	3.78	0.971	4.751
2	住民と友だちのような関係になったため	3.81	0.916	4.726
3	忙しくないため	2.43	1.258	3.688
4	キャリア形成になることである	3.04	1.005	4.045
5	やりがいを感じている	3.98	0.953	4.933
6	地域の最前線で仕事をやりたい	3.75	1.151	4.901
7	社会に貢献できる	4.01	0.931	4.751
8	歩き仕事が好き	3.44	1.293	4.733
9	善行を積めるため	3.69	1.296	4.986
10	地域の秩序を維持し、社会安定を促進するため	3.81	0.858	4.868

11	家庭関係、近隣関係の調和を促進するため	3.9	0.969	4.979
12	自分の能力を発揮するため	3.18	1.231	4.411
13	自分の人生価値を実現するため	4.01	1.048	4.948
14	社会資源（例えば人脈）を得るため	3.05	1.362	4.412
15	社会的地位、社会的名声、権威、面子を保つため	2.37	1.332	3.702
16	一定の収入を得るため	2.89	1.286	4.176
17	住民に認められたため	3.82	1.053	4.873

3-2　個人属性／地域属性による影響

（1）管理／支援業務への影響

1）管理／支援に関する意識の因子分析

　管理／支援に関する意識を測るために用意した37項目の分布の偏りを検討したところ、天井効果はなかった。すべての変数について、プロマックス回転による主因子法を用いて因子分析を行った。固有値1.00以上を採用した上で、共通性0.16以下の項目及び因子負荷率0.35以下となる項目を削除し、スクリープロットを用いて因子数を検討したところ、3因子構造が妥当であると考えられた。また、抽出された因子の信頼性係数（a）を参考にしながら、最終的に36項目、3因子を抽出した（表4-10）。

　この抽出された3因子を「管理／支援に関する意識」を構成する潜在概念として因子負荷量と観測変数の内容を参考に因子名を付与した。

　第１因子は、9項目で構成されており、「住民の要望を行政部門に伝える」、「中央政府の意向を住民に伝達する」、「住民代表者の選挙を推進する」、「住民の困りごとを行政機関と共有する」、「住民の要望を社区リーダーに伝える」、「住民の婚姻証明書や居住証明書などの行政文書を作成する」、「住民に対して

社区イベントを周知する」、「専門社会工作者[2]の仕事に協力する」、「専門社会工作者と連携し、住民の困りごとを解決する」の項目が高い負荷量を示していた。そこで、「行政の補助」因子と命名した。

　第2因子は、11項目で構成されており、「行動面の制約が原因で洗濯や掃除という家事援助を手伝う」、「単独では行政窓口や病院に行けない住民に付き添う」、「住民の困りごとを解決する際に、自身の人脈で問題を解決する」、「住民の困りごとを解決するために、私費を投じる」、「公共料金の支払いに困る住民に料金の支払いを代行する」などの項目が高い負荷量を示していた。そこで、「生活支援」因子と命名した。

　第3因子は、8項目で構成されており、「不審者、壊れた建物を発見するために地域を巡回する」、「住民から業務時間外に連絡が来た場合も対応する」、「住民の家族構成に関する情報を収集する」、「住民宅を訪問し、住民の日常的困りごとを聞き取る」、「仕事用の携帯電話は24時間つながる」などの項目が高い負荷量を示していた。そこで、「情報把握」因子と命名した。

　3つの下位尺度の合計得点を下位尺度の総得点とする。そして各下位尺度の得点を項目数で除し（下位尺度得点／項目数）、得られた値を下位尺度得点として換算した。内的整合性を検討するため各下位尺度のクロンバックの α 係数を算出したところ、下位尺度の信頼性 α 係数の検討は第1因子 = 0.966、第2因子 = 0.938、第3因子 = 0.928であった。

　3つの因子の平均値を見ると、第1因子「行政の補助」の平均値が一番高いことが分かった。

2　専門社会工作者：資格あり、兼任または専任で専門的な支援を行うソーシャルワーカー。

表 4-10　「管理／支援に関する意識」尺度の因子分析の結果

項目	因子負荷量		
	I	II	III
第 1 因子　行政の補助（α = 0.966）			
II - 問 5-29　住民の要望を行政部門に伝える	0.963	-0.071	0.017
II - 問 5-25　中央政府の意向を住民に伝達する	0.920	-0.114	0.103
II - 問 5-27　住民代表者の選挙を推進する	0.909	-0.062	0.028
II - 問 5-28　住民の困りごとを行政機関と共有する	0.900	-0.021	0.042
II - 問 5-30　住民の要望を社区リーダーに伝える	0.860	0.048	0.043
II - 問 5-24　住民の婚姻証明書や居住証明書などの行政文書を作成する	0.848	-0.106	0.116
II - 問 5-26　住民に対して社区イベントを周知する	0.761	0.171	0.006
II - 問 5-33　専門社会工作者の仕事に協力する	0.749	0.218	-0.172
II - 問 5-32　専門社会工作者と連携し、住民の困りごとを解決する	0.718	0.211	-0.113
第 2 因子　生活支援（α = 0.938）			
II - 問 5-22　行動面の制約が原因で洗濯や掃除という家事援助を手伝う	0.113	0.826	-0.174
II - 問 5-21　単独では行政窓口や病院に行けない住民に付き添う	0.061	0.778	0.001
II - 問 5-13　住民の困りごとを解決する際に、自身の人脈で問題を解決する	-0.108	0.765	0.075
II - 問 5-14　住民の困りごとを解決するために、私費を投じる	-0.048	0.738	-0.015
II - 問 5-20　公共料金の支払いに困る住民に料金の支払いを代行する	0.030	0.728	0.010
II - 問 5-16　問題解決のために、新しい社会資源を作り出す	0.136	0.686	0.054
II - 問 5-7　仕事が終わっても、住民の家に訪問する	-0.270	0.637	0.319
II - 問 5-35　訪問を拒否されたら、とりあえず帰る	0.336	0.592	-0.056
II - 問 5-15　既存の社会資源を活用し、問題解決を図る	0.191	0.581	0.100
II - 問 5-34　住民に誤解された場合、忍耐する	0.358	0.577	-0.112
II - 問 5-17　問題解決後の状況を確認する	0.256	0.502	0.201
第 3 因子　情報把握（α = 0.928）			
II - 問 5-3　不審者、壊れた建物を発見するために地域を巡回する	0.075	-0.255	0.951
II - 問 5-2　住民から業務時間外に連絡が来た場合も対応する	-0.099	0.118	0.825
II - 問 5-5　住民の家族構成に関する情報を収集する	0.241	-0.209	0.808
II - 問 5-4　住民宅を訪問し、住民の日常的困りごとを聞き取る	0.088	0.083	0.747
II - 問 5-1　仕事用の携帯電話は 24 時間つながる	-0.262	0.250	0.740
II - 問 5-8　住民から連絡がきたら、即座に現場へ向かう	0.170	0.073	0.553
II - 問 5-9　本人と一緒に困りごとの解決方法を検討する	0.029	0.324	0.537

項目	因子負荷量		
	I	II	III
II-問5-10　本人のニーズを抽出し、個別的に対応する	0.042	0.361	0.467
因子の平均値	0.85	0.67	0.70
因子間相関	I	II	III
I	—	0.665	0.520
II		—	0.623
III			—

・下位尺度間の関連

　管理／支援に関する意識の3つの下位尺度に相当する項目の平均値を算出し、「行政の補助」（M = 30.96、SD = 10.23）、「生活支援」（M = 30.83、SD = 11.40）、「情報把握」（M = 24.95、SD = 9.01）とした。管理／支援に関する意識尺度の下位尺度間相関を表4-11に示す。3つの下位尺度は有意な正の相関を示した。

表4-11　下位尺度間の関連

	行政の補助	生活支援	情報把握	平均	標準偏差	α
行政の補助	1	.710**	.584**	30.96	10.23	0.966
生活支援	.710**	1	.696**	30.83	11.40	0.938
情報把握	.584**	.696**	1	24.95	9.01	0.928
*** p<.001						
** 　相関係数は1%水準で有意（両側）である。						

2) 行政の補助／生活支援／情報把握の3因子の平均の比較

　行政の補助/生活支援/情報把握の3因子の平均の比較の結果を表4-12、表4-13、表4-14に示した。

　①「行政の補助」に影響を与える要因は年齢（$F_{(3,214)}$ =3.368, p<.01）、勤務年数（$F_{(2,214)}$ =4.198, p<.01）、網格長の基本給（$F_{(3,240)}$ =27.614, p<.001）、網格長の業績給（$F_{(2,214)}$ =4.963, p<.01）、網格長の全収入（$F_{(2,214)}$ =3.231, p<.05）、連携している専業社会工作者の人数（$F_{(2,214)}$ =4.911, p<.01）であった（表4-12）。

表4-12　個人属性／業務属性と「行政の補助」の平均の比較

因子	属性	項目	N	M	SD	P	F
行政の補助	年齢	20代	99	33.2	10.4	p<.01	3.368
		30代	79	29.8	10.2		
		40代	42	27.8	10.0		
		50代	25	31.0	8.4		
	勤務年数	1〜3年	99	33.2	10.4	p<.01	4.198
		4〜6年	78	29.9	10.2		
		7年以上	67	29.0	9.5		
	網格長の基本給	0〜1750元	57	26.0	11.3	p<.001	27.614
		0〜2250元	62	39.5	28.4		
		0〜2270元	66	28.4	10.3		
		2270元以上	59	30.0	6.4		
	網格長の業績給	0元	130	29.7	8.8	p<.01	4.963
		300元まで	52	34.8	9.8		
		300元以上	62	30.7	12.3		
	網格長の全収入	2100元まで	85	31.8	11.3	p<.05	3.231
		2101〜2500元	97	32.2	9.2		
		2501元以上	62	28.2	9.7		
	連携している専業社会工作者	0人	123	30.1	9.2	p<.01	4.911
		1〜2人	57	34.7	9.4		
		3人以上	63	29.8	11.7		

　その後Tukey法の多重比較の結果によれば、40代の網格長は20代の網格長より、情報伝達に対する意識が有意に高かった。勤務年数が7年以上網格長は勤務年数が1〜3年の網格長より情報伝達の意識が有意に低かった。また、基本給が月に2250元までの網格長は月に1750元までの網格長より、業績給300元の網格長は業績給0元の網格長より、全収入2501元以上の網格長は2101元〜2500元の網格長より情報伝達への意識が有意に高かった。連携している専業社会工作者の人数が1〜2人の網格長は3人以上の網格長より情報伝達への意識が有意に高かった。

　②「生活支援」に影響を与える要因は網格長の基本給（F（3,240）=10.687,

p<.001)、網格長の業績給（F（2,214）=8.778, p<.001）、担当世帯数（F（2,240）=3.083, p<.05）、サービスを提供する社会組織の数（F（3,239）=10.452, p<.001）、連携しているボランティア団体の数（F（3,241）=6.172, p <.001）であった（表4-13）。

表4-13　個人属性／業務属性と「生活支援」の平均の比較

因子	属性	項目	N	M	SD	P	F
生活支援	網格長の基本給	0~1750 元	57	25.7	10.6	p<.001	10.687
		0~2250 元	62	36.7	10.4		
		0~2270 元	66	30.2	12.5		
		2270 元以上	59	30.7	8.9		
	網格長の業績給	0 元	130	29.0	9.8	p<.001	8.778
		300 元まで	52	36.5	10.4		
		300 元以上	62	30.1	13.6		
	担当世帯数	200 ～ 300 世帯	106	31.5	11.0	p<.05	3.083
		300 ～ 500 世帯	85	32.4	10.3		
		500 世帯以上	52	27.6	13.0		
	サービスを提供する社会組織の数	0	57	24.9	9.9	p<.001	10.452
		1 つ	59	33.9	10.9		
		2 つ	76	30.4	11.9		
		3 つ以上	51	35.3	9.4		
	ボランティア	0	42	24.7	10.9	p<.001	6.172
		1 つ	53	31.6	8.1		
		2 つ	80	33.7	10.4		
		3 つ以上	70	30.7	13.5		

　その後Tukey法の多重比較の結果によれば、月に2250元までの基本給をもらえる網格長は1750元までもらえる網格長より、業績給を300元以上もらえる網格長は300元までの網格長より、生活支援への意識が有意に高かった。担当世帯数については、200 ～ 300世帯を担当する網格長は500世帯を担当する網格長より生活支援への意識が有意に高かった。連携している社会組織の数が3つ以上の網格長は、0あるいは1つと連携している網格長より生活支援への意識が有意に高かった。3つ以上のボランティア団体と連携している網格長は0

あるいは１つと連携している網格長より生活支援への意識が有意に高かった。

③「情報把握」に影響を与える要因は網格長の基本給（F（3,240）=6.502, p<.001）、網格長の業績給（F（2,214）=5.838, p<.01）、サービスを提供する社会組織の数（F（3,239）=5.545, p<.01）、連携しているボランティア団体の数（F（3,241）=7.331, p <.001）であった（表4-14）。

表4-14　個人属性／業務属性と「情報把握」の平均の比較

因子	属性	項目	N	M	SD	P	F
情報把握	網格長の基本	0~1750 元	57	20.9	8.9	p<.001	6.502
		0~2250 元	62	27.9	9.4		
		0~2270 元	66	25.1	9.0		
		2270 元以上	59	25.6	7.3		
	網格長の業績給	0 元	130	23.5	8.5	p<.01	5.838
		300 元まで	52	28.4	8.3		
		300 元以上	62	25.1	9.9		
	サービスを提供する社会組織の数	0	57	21.4	7.7	p<.01	5.545
		1 つ	59	24.4	9.7		
		2 つ	76	26.3	10.2		
		3 つ以上	51	27.8	6.2		
	ボランティア	0	42	21.8	7.9	p<.001	7.331
		1 つ	53	22.4	7.6		
		2 つ	80	28.3	8.7		
		3 つ以上	70	24.9	9.8		

その後Tukey法の多重比較の結果によれば、基本給が2250元までの網格長は1750元までの網格長より、業績給を300元以上もらえる網格長は300元までもらえる網格長より、情報把握への意識が有意に高かった。社会組織と連携していない網格長は、2つあるいは3つ以上の社会組織と連携している網格長より情報把握への意識が有意に低かった。ボランティア団体と連携していない網格長は2つあるいは3つ以上のボランティア団体と連携している網格長より情報把握への意識が有意に低かった。

(2) 住民との関係形成への影響

1) 関係形成の因子分析／下位尺度間の関連

　住民との関係形成を測るために用意した9項目の分布の偏りを検討し、変数をプロマックス回転による主因子法を用いて因子分析を行った。固有値1.00以上を採用した上で、共通性0.16以下の項目及び因子負荷率0.35以下となる項目を削除する。スクリープロットを用いて因子数を検討したところ、2因子構造が妥当であると考えられた。また、抽出された因子の信頼性係数（a）を参考にしながら、最終的に9項目、2因子を抽出した（表4-15）。

　この抽出された2因子を「関係形成」を構成する潜在概念として因子負荷量と観測変数の内容を参考に因子名を付与した。

　第1因子は、7項目で構成されており、「住民から地域情報について教わる」「住民にあなたが宣伝した活動に積極的に参加してもらう」、「近所の高齢者の見守りを隣近所に行ってもらう」、「住民は積極的にあなたに個人情報を提供する」、「住民と友人のような関係になる」、「住民は問題が生じた際、あなたに連絡する」、「住民はあなたの職務について理解している」の項目が高い負荷量を示していた。そこで、「住民との協働関係」因子と命名した。

　第2因子は、2項目で構成されており、「住民はあなたに感謝するため、水や果物のような食べ物を贈る」、「コミュニケーション可能な高齢者とお互いに悩みを打ち明ける」の項目が高い負荷量を示していた。そこで、「親密な関係」因子と命名した。

　2つの下位尺度の合計得点を下位尺度の総得点とする。そして各下位尺度の得点を項目数で除し（下位尺度得点／項目数）、得られた値を下位尺度得点として換算した。内的整合性を検討するため各下位尺度のクロンバックのa係数を算出したところ、下位尺度の信頼性a係数の検討は第1因子＝0.847、第2因子＝0.626であった。

　2つの因子の平均値を見ると、第1因子「住民との協働関係」の平均値が一番高いことが分かった。

表4-15　「関係形成」尺度の因子分析の結果

項目	因子負荷量	
	I	II
第1因子　住民との協働関係（$a = 0.847$）		
I - 問 3-7　住民から地域情報について教わる	0.858	-0.113
I - 問 3-8　住民はあなたが宣伝した活動に積極的に参加してもらう	0.778	0.109
I - 問 3-6　近所の高齢者の見守りを隣近所に行ってもらう	0.777	0.005
I - 問 3-9　住民は積極的にあなたに個人情報を提供する	0.756	0.038
I - 問 3-5　住民と友人のような関係になる	0.744	0.033
I - 問 3-1　住民は問題が生じた際、あなたに連絡する	0.726	-0.160
I - 問 3-2　住民はあなたの職務について理解している	0.651	0.088
第2因子　親密な関係（$a = 0.626$）		
I - 問 3-3　住民はあなたに感謝するため、水や果物のような食べ物を贈る	-0.154	0.836
I - 問 3-4　コミュニケーション可能な高齢者とお互いに悩みを打ち明ける	0.331	0.476
因子の平均値	0.76	0.44
因子間相関	I	II
I	—	0.509
II		—

・下位尺度間の関連

　関係形成の2つの下位尺度に相当する項目の平均値を算出し、「住民との協働関係」（M = 31.49、SD = 5.39）、「親密な関係」（M = 6.4、SD = 2.0）とした。関係形成尺度の下位尺度間相関を表4-16に示す。2つの下位尺度は有意な正の相関を示した。

表4-16　下位尺度間の関連

	住民との協働関係	親密な関係	平均	標準偏差	a
住民との協働関係	1	.465***	27.24	4.94	0.847
親密な関係		1	6.40	2.0	0.626
***p<.001					
** 相関係数は 1% 水準で有意（両側）である。					

2）個人属性／業務属性による関係形成2因子の平均の比較

個人属性／業務属性による住民との関係形成の2因子の平均の比較の結果を表4-17、表4-18に示した。

①「住民との協働関係」に影響を与える要因は勤務年数（F $(2,241)$ =4.886, p<.01）、網格長の基本給（F $(3,240)$ =18.426, p<.001）、網格長の業績給（F $(2,241)$ =3.988, p<.01）、網格長の全収入（F $(3,239)$ =7.353, p <.01）、連携しているボランティア団体の数（F $(3,241)$ =6.507, p<.001）、連携している専業社会工作者の人数（F $(2,240)$ =11.250, p<.001）であった（表4-17）。

表4-17　個人属性／業務属性と「住民との協働関係」の平均の比較

因子	属性	項目	N	M	SD	P	F
住民との協働関係	勤務年数	1〜3年	99	25.7	4.7	p<.01	4.886
		4〜6年	78	27.5	5.1		
		7年以上	67	28.1	4.7		
	網格長の基本給	0〜1750元	57	26.4	4.0	p<.001	18.426
		0〜2250元	62	30.5	3.8		
		0〜2270元	66	27.3	5.4		
		2270元以上	59	24.6	4.4		
	網格長の業績給	0元	130	26.4	5.0	p<.01	3.988
		300元まで	52	28.1	5.1		
		300元以上	62	28.3	4.3		
	網格長の全収入	2100元まで	85	28.7	4.5	p<.01	7.353
		2101元〜2500元	97	27.0	4.8		
		2501元以上	62	25.7	5.2		
	ボランティア	0	42	27.0	4.2	p<.001	6.507
		1つ	53	27.5	5.2		
		2つ	80	25.6	5.2		
		3つ以上	70	29.1	4.3		
	連携している専業社会工作者	0人	123	25.8	5.0	p<.001	11.250
		1〜2人	57	28.8	4.4		
		3人以上	63	28.7	4.4		

その後Tukey法の多重比較の結果によれば、勤務年数7年以上の網格長は1〜3年働いた網格長より、住民との協働関係の形成が有意に高かった。2250元

までの基本給料の網格長は1750元までの基本給料の網格長より、業績給を300元以上もらえる網格長は、業績給がもらえない網格長より、住民との協働関係の形成が有意に高かった。一方、全収入が2501元以上の網格長は2101元～2500元の網格長より、全収入が2101元～2500元の網格長は2100元までの網格長より、住民との協働関係の形成が有意に低かった。連携しているボランティア団体の数が3つ以上の網格長は1つと連携している網格長より住民との協働関係の形成が有意に高かった。連携している専業社会工作者の人数が1～2人と3人以上の網格長は連携していない網格長より、住民との協働関係の形成が有意に高かった。

②「親密な関係」に影響を与える要因は勤務年数（F（2,241）=4.460, p<.01）、網格長の基本給（F（3,240）=3.090, p<.05）、網格長の業績給（F（2,241）=10.795, p<.001）、最終学歴（F（3,240）=3.171, p<.01）、連携している社会組織の数（F（3,239）=3.326, p <.01）、連携している専業社会工作者の人数（F（2,240）=3.479, p<.05）であった（表4-18）。

表4-18　個人属性／業務属性と「親密な関係」の平均の比較

因子	属性	項目	N	M	SD	P	F
親密な関係	勤務年数	1～3年	99	5.6	2.1	p<.01	4.460
		4～6年	78	6.7	1.9		
		7年以上	67	7.8	1.9		
	網格長の基本給	0~1750元	57	6.2	1.7	p<.05	3.090
		0~2250元	62	7.0	2.3		
		0~2270元	66	6.4	2.2		
		2270元以上	59	6.0	1.5		
	網格長の業績給	0元	130	6.1	1.7	p<.001	10.795
		300元まで	52	7.5	1.7		
		300元以上	62	6.2	2.5		
	最終学歴	中卒まで	44	6.0	1.6	p<.01	3.171
		高卒まで	35	5.9	2.0		
		大学卒以上	165	6.6	2.1		

因子	属性	項目	N	M	SD	P	F
親密な関係	連携している社会組織の数	0	57	6.0	2.1	p<.01	3.326
		1つ	59	6.4	2.1		
		2つ	76	6.3	1.8		
		3つ以上	51	7.1	2.0		
	連携している専業社会工作者	0人	123	6.1	1.9	p<.05	3.479
		1～2人	57	6.9	2.0		
		3人以上	63	6.5	2.0		

その後Tukey法の多重比較の結果によれば、勤務年数7年以上の網格長は1～3年働いた網格長より、住民に受け入れられる親密な関係が有意に高かった。2250元までの基本給料の網格長は1750元までの基本給料の網格長より、300元以上の業績給をもらえる網格長は、業績給がもらえない網格長より、住民に受け入れられる親密な関係の形成が有意に高かった。大学卒以上の学歴は中卒までの学歴より、住民に受け入れられる関係の形成が有意に高かった。3つ以上の社会組織と連携する網格長は連携していない網格長より住民に受け入れられる関係の形成が有意に高かった。連携している専業社会工作者の人数が1～2人と3人以上の網格長は連携していない網格長より、住民に受け入れられる親密な関係の形成が有意に高かった。

(3) モチベーションへの影響

1) モチベーションの因子分析／下位尺度間の関連

仕事のモチベーションを測るために用意した17項目の分布の偏りを検討した上で、天井効果がなかったため、17項目の変数について、プロマックス回転による主因子法を用いて因子分析を行った。固有値1.00以上を採用した上で、共通性0.16以下の項目及び因子負荷率0.35以下となる項目を削除する。スクリープロットを用いて因子数を検討したところ、3因子構造が妥当であると考えられた。また、抽出された因子の信頼性係数（a）を参考にしながら、最終的に17項目、2因子を抽出した（表4-19）。

　この抽出された 2 因子を「仕事のモチベーション」を構成する潜在概念とし て因子負荷量と観測変数の内容を参考に因子名を付与した。

　第 1 因子は、7 項目で構成されており、「家庭関係、近隣関係の調和を促進す るため」、「地域の秩序を維持し、社会安定を促進するため」、「自分の能力を発 揮するため」、「自分の人生価値を実現するため」、「社会に貢献できる」、「善行 を積めるため」、「地域の最前線で仕事をやりたい」の項目が高い負荷量を示し ていた。そこで、「調和の促進」因子と命名した。

　第 2 因子は、4 項目で構成されており、「住民と友だちのような関係になった ため」、「住民に認められたため」、「キャリア形成になるから」、「やりがいを感 じている」の項目が高い負荷量を示していた。そこで、「達成感」因子と命名 した。

　2 つの下位尺度の合計得点を下位尺度の総得点とする。そして各下位尺度の 得点を項目数で除し（下位尺度得点／項目数）、得られた値を下位尺度得点とし て換算した。内的整合性を検討するため各下位尺度のクロンバックの α 係数を 算出したところ、下位尺度の信頼性 α 係数の検討は第 1 因子 = 0.887、第 2 因子 = 0.887 であった。

　2 つの因子の平均値を見ると、第 1 因子「調和の促進」の平均値が一番高い ことが分かった。

表 4-19　「仕事のモチベーション」尺度の因子分析結果

項目	因子負荷量	
	I	II
第 1 因子　調和の促進（$\alpha = 0.887$）		
Ⅲ - 問 7-11　家庭関係、近隣関係の調和を促進するため	0.891	-0.061
Ⅲ - 問 7-10　地域の秩序を維持し、社会安定を促進するため	0.876	-0.109
Ⅲ - 問 7-12　自分の能力を発揮するため	0.771	0.096
Ⅲ - 問 7-13　自分の人生価値を実現するため	0.762	-0.037
Ⅲ - 問 7-7　社会に貢献できる	0.728	0.146
Ⅲ - 問 7-9　善行を積めるため	0.604	-0.135

項目	因子負荷量	
	I	II
III - 問 7-6　地域の最前線で仕事をやりたい	0.407	0.378
第2因子　達成感（$\alpha = 0.887$）		
III - 問 7-2　住民と友だちのような関係になったため	-0.030	0.813
III - 問 7-17　住民に認められたため	0.076	0.743
III - 問 7-4　キャリア形成になることである	-0.222	0.709
III - 問 7-5　やりがいを感じている	0.285	0.501
因子の平均値	0.72	0.69
因子間相関	I	II
I	—	0.714
II		—

・下位尺度間の関連

「仕事のモチベーション」尺度の下位尺度間相関を表4-20に示す。「仕事のモチベーション」に関する意識の2つの下位尺度に相当する項目の平均値を算出し、「調和の促進」（M = 32.55、SD = 6.16）、「達成感」（M = 14.84、SD = 3.08）、とした。2つの下位尺度は有意な正の相関を示した。

表4-20　下位尺度間の関連

	調和の促進	達成感	平均	標準偏差	α
調和の促進	1	.674***	32.55	6.16	0.887
達成感		1	14.84	3.08	0.887
*** p <.001					
**　相関係数は 1% 水準で有意（両側）である。					

2）個人属性／業務属性によるモチベーションの2因子の平均の比較

個人属性／業務属性によるモチベーションの2因子の平均の比較の結果を表4-21、表4-22に示した。

①「調和の促進」に影響を与える要因は、勤務年数（F (2,241) =2.879,

p<.05)、網格長の基本給（F（2,241）=20.648, p<.001）、網格長の全収入（F（2,214）=13.137, p<.001）、担当世帯数（F（2,240）=3.624, p<.05）、連携している社会組織の数（F（3,239）=5.597, p<.01）、連携しているボランティア団体の数（F（3,239）=5.862, p <.01）、連携している専業社会工作者の人数（F（2,240）=4.786, p <.05）であった（表4-21）。

表4-21　個人属性／地域属性と「調和の促進」の平均の比較

因子	属性	項目	N	M	SD	P	F
調和の促進	勤務年数	1～3年	99	31.3	6.3	p<.05	2.879
		4～6年	78	32.5	6.5		
		7年以上	67	33.6	5.6		
	網格長の基本給	0~1750元	57	34.5	5.6	p<.001	20.648
		0~2250元	62	35.6	4.0		
		0~2270元	66	31.7	6.7		
		2270元以上	59	28.3	5.4		
	網格長の全収入	2100元まで	85	35.1	4.9	p<.001	13.137
		2101元～2500元	97	31.4	6.7		
		2501元以上	62	30.7	5.8		
	担当世帯数	200～300世帯	106	33.7	5.8	p<.05	3.624
		300～500世帯	85	31.5	5.8		
		500世帯以上	52	31.8	7.2		
	連携している社会組織の数	0	57	29.9	7.0	p<.01	5.597
		1つ	59	34.0	5.0		
		2つ	76	33.6	5.8		
		3つ以上	51	32.1	6.1		
	ボランティア	0	42	30.8	6.8	p<.01	5.862
		1つ	53	31.8	6.3		
		2つ	80	31.9	6.3		
		3つ以上	70	35.0	4.7		
	連携している専業社会工作者	0人	123	31.3	6.5	p<.05	4.786
		1～2人	57	33.8	5.9		
		3人以上	63	33.6	5.3		

　その後Tukey法の多重比較の結果によれば、7年以上働いた網格長は1～3年働いた網格長より、調和の促進意識が有意に高かった。月に2270元までの

基本給の網格長は1750元までの基本給の網格長より、全収入が2501元以上の網格長と2101元～2500元の網格長は2100元までの網格長より、調和の促進の意識が有意に高かった。担当世帯数が200～300世帯の網格長は300～500世帯の網格長より調和の促進の意識が有意に高かった。

　1つか2つの社会組織と連携している網格長は連携していない網格長より調和の促進に対する意識が有意に高かった。3つ以上のボランティア団体と連携している網格長は連携していない網格長より調和の促進の意識が有意に高かった。3人以上の専業社会工作者と連携している網格長は1～2人と連携している網格長、または連携していない網格長より、調和の促進の意識が有意に高かった。

　②「達成感」に影響を与える要因は年齢（F（3,241）=2.708, p<.05）、勤務年数（F（2,241）=3.285, p<.05）、網格長の基本給（F（2,241）=16.796, p<.001）、網格長の業績給（F（2,214）=10.055, p<.001）、連携している社会組織の数（F（3,239）=6.417, p<.001）、ボランティア（F（3,239）=3.751, p<.01）連携している専業社会工作者の人数（F（2,240）=3.650, p <.05）であった（表4-22）。

表4-22　個人属性／地域属性と「達成感」の平均の比較

因子	属性	項目	N	M	SD	P	F
達成感	年齢	20代	13	14.0	4.1	p<.05	2.708
		30代	105	14.3	3.2		
		40代	121	15.4	2.8		
		50代	6	14.8	2.6		
	勤務年数	1～3年	99	15.5	3.2	p<.05	3.285
		4～6年	78	14.5	3.3		
		7年以上	67	14.4	2.6		
	網格長の基本給	0~1750元	57	14.2	3.4	p<.001	16.796
		0~2250元	62	16.6	2.3		
		0~2270元	66	15.3	3.1		
		2270元以上	59	13.1	2.3		

因子	属性	項目	N	M	SD	P	F
達成感	網格長の業績給	0 元	130	14.0	3.1	p<.001	10.055
		300 元まで	52	15.6	2.8		
		300 元以上	62	15.9	2.9		
	連携している社会組織の数	0	57	14.4	3.1	p<.001	6.417
		1 つ	59	16.1	2.7		
		2 つ	76	14.0	3.1		
		3 つ以上	51	15.2	2.9		
	ボランティア	0	42	14.4	3.0	p<.01	3.751
		1 つ	53	15.2	3.6		
		2 つ	80	14.1	2.9		
		3 つ以上	70	15.7	2.8		
	連携している専業社会工作者	0 人	123	14.3	3.2	p<.05	3.650
		1～2 人	57	15.6	3.0		
		3 人以上	63	15.1	2.9		

　その後Tukey法の多重比較の結果によれば、40代の網格長は30代の網格長より、達成感の意識が有意に高かった。勤務年数が7年以上の網格長は勤務年数1～3年の網格長より達成感の意識が有意に高かった。また、基本給が月に2250元までと2270元までもらえる網格長は1750元までもらえる網格長より、業績給が300元までと300元以上もらえる網格長は業績給をもらえない網格長より、達成感の意識が有意に高かった。1つの社会組織と連携している網格長は連携していない網格長より達成感の意識が有意に高かった。3つ以上のボランティア団体と連携している網格長は2つと連携している網格長より達成感の意識が有意に高かった。1～2人の専業社会工作者と連携している網格長は連携していない網格長より、達成感の意識が有意に高かった。

3-3　管理／支援に関する意識、モチベーション、関係形成の各変数間の関係

　これまでの因子分析をもとに、複数の変数間の関係を見るために相関分析を行った。さらに管理業務と支援業務は、住民との関係に影響を与え、住民との関係は網格長のモチベーションに影響を与えるプロセスを仮定して分析を進め

るため、4つの因子をもとに共変関係（相関）相互の影響関係をパス図に描いた（図4-1）。

　確認的因子分析では、探索的因子分析によって抽出された4つの潜在変数を分析し、その観測変数が0.75以上のものを示した。

　図4-1は共分散構造分析の結果である。「行政の補助」、「生活支援」、「住民との協働関係」、「達成感を感じる」について1％水準で有意であった。

　適合度指標は、χ二乗 = 131.223、自由度72で、有意となった。GFI = .932、AGFI = .901は満足できる値であり、RMSEA = .058については、0.06を下回っていることから適合的なモデルと判断できる。

　この結果を見ると、「住民との協働関係」を築くためには、「行政の補助」、「生活支援」の要素が重要であると考えられる。また、「住民との協働関係」こそが、網格長の「達成感」を促進し、その達成感はさらに「生活支援」に影響するといえる。

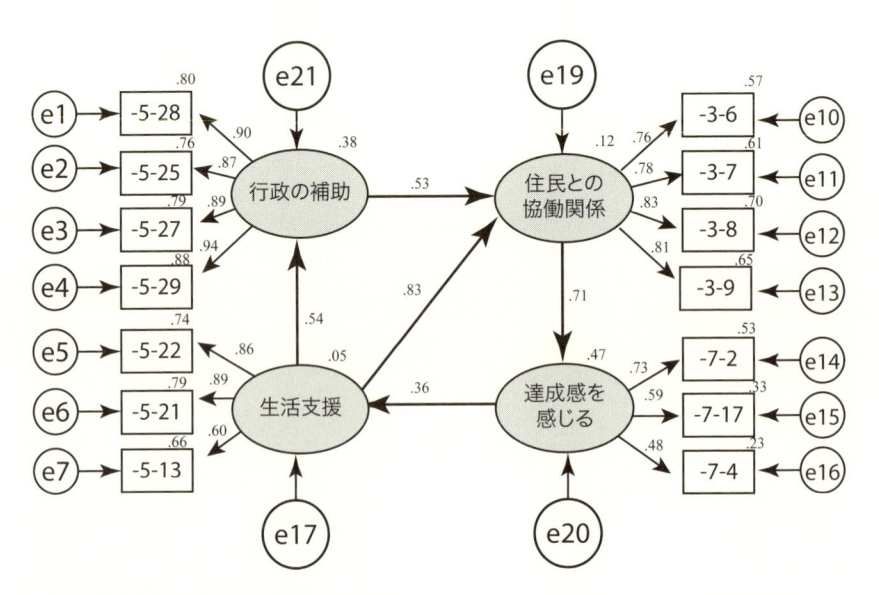

図4-1　関係形成に関連する要因間の関係

出典：筆者作成

　①「行政の補助」から「住民との協働関係」は0.53の係数であり、「行政の補助」が「住民のサポートを得る」上で影響を与えていることが分かる。また、「行政の補助」からの観測変数のうち「住民の要望を行政部門に伝える」、「中央政府の意向を住民に伝達する」「住民代表者の選挙を推進する」「住民の困りごとを行政機関と共有する」への変数が高いことから、住民の情報を行政や関係機関と共有することは、網格長の「行政の補助」の進展に大きな影響を与えていると考えられる。。

　②「生活支援」から「住民との協働関係」は0.83の高い係数であり、「生活支援」が「住民のサポートを得る」上で強い影響を与えていることが分かる。「生活支援」からの観測変数のうち「行動面の制約が原因で洗濯や掃除などの家事援助を手伝う」「単独では行政窓口や病院に行けない住民に付き添う」「住民の困りごとを解決する際に、自身の人脈で問題を解決する」への変数が高いことから、住民の幅広い課題を支援することは網格長の「生活支援」に大きな影響を与えていると考えられる。

　また、「生活支援」から「行政の補助」は0.54の係数であり、「生活支援」が「行政の補助」に影響を与えていることが分かる。住民の生活課題の解決から個別の支援に対応することが、行政や関係機関との情報共有を促進していることが分かる。

　③「住民との協働関係」から「達成感」は0.71の高い係数であり、「住民との協働関係」が「達成感」に強い影響を与えることが分かる。「住民との協働関係」からの観測変数のうち「住民から地域情報について教わる」、「住民にあなたが宣伝した活動に積極的に参加してもらう」、「近所の高齢者の見守りを隣近所に行ってもらう」、「住民は積極的にあなたに個人情報を提供する」への変数が高いことから、住民が網格長の仕事に協力し、住民間で助け合うことによって、網格長は達成感を感じることが分かる。

　④「達成感」から「生活支援」は0.66の係数であり、「達成感」が「生活支援」に影響を与えることが分かる。「達成感」の観測変数のうち「住民と友だちのような関係になったため」、「住民に認められたため」への変数が高いこと

から、住民に認められ、友だちのような親密な関係は支援業務の展開を促進することが分かる。

4　網格長の活動実態に影響を与える要因

4-1　管理／支援業務の意識に影響を与える要因

　先行研究で指摘されているように、社区網格化管理の仕組みの実施の重点は、管理を中心とするやり方から支援を中心とするやり方に移行することである。

　因子分析から得られた「行政の補助」という因子の内容は「住民の要望を行政部門に伝える」「住民に対して中央政府の意向を住民に伝達する。」「住民代表者の選挙を推進する。」である。これは、先行研究に示されている管理内容と一致する。よって、網格長の実践において、「行政の補助」という業務は、管理業務の中に含まれる。さらに、「生活支援」の因子の内容は、「行動面の制約が原因で洗濯や掃除という家事援助を手伝う」「単独では行政窓口や病院に行けない住民に付き添う」、「住民の困りごとを解決する際に、自身の人脈で問題を解決する」であるため、「生活支援」は支援業務に属すると分かる。

　仮説（115頁）①と②については、本研究の結果から、年齢、勤務年数、担当世帯数、連携する社会組織の数、ボランティア団体の数、専業社会工作者の人数によって、管理業務と支援業務への意識に影響したことが分かる。

　具体的には、40代の網格長は20代の網格長より、情報収集、伝達のような管理的業務に対する意識が高かった。勤務年数が7年以上の網格長は、勤務年数が1〜3年の網格長より管理と支援の業務への意識が高かった。また、基本給が月に2250元までの網格長は、月に1750元までの網格長より、業績給300元の網格長は業績給0元の網格長より、全収入2501元以上の網格長は2101元〜2500元までの網格長より管理と支援の業務への意識が有意に高かった。連携している専業社会工作者の人数が1〜2人の網格長は3人以上の網格長より管理と支援の業務への意識が高かった。

　担当世帯数が500世帯を超えると、情報収集、伝達のような管理的業務にとどまり、支援業務まで至らなかった。また、サービスの質にも影響を与える。よって、網格長に対しては管理／支援を提供する質を確保するために、過剰な数の世帯を担当させないようにする必要がある。また、網格長の仕事が長くなればなるほど、継続的な支援を含め、幅広い仕事を行うため負担が大きくなる。さらに、網格長の給料、厳しく管理されることも網格長のモチベーションに影響し、網格長に負担をかけるだけでなく、管理／支援の質にも影響する。

　以上の知見は、網格長の給料を確保する方向性、仕事の評価システムの改善、人材育成プログラムの方向性に示唆を与えることができると考えられる。

4-2　管理／支援業務のモチベーションに影響を与える要因

　調査結果に示したように、網格長の仕事の負担は、業務の不明確さ、業務外の時間でも対応すること、給料が低いことにある。勤続年数が長くなると、網格長の仕事は自然と管理から支援業務に変わっていく。その結果、網格長の負担が大きくなり、人手が足りないという課題が出てくると考えられる。

　仮説③については、仕事の負担が重い現状の中で、仕事を続け、仕事のモチベーションになる要因は外的要因と内的要因に分けられることが分かる。

　外的要因としては、網格長の給料、担当世帯数、連携する社会資源の数が挙げられる。調査結果に示したように（表4-8、表4-9）、低い給料、仕事の量の多さ、連携する社会資源が少なくても、網格長は業務内だけでなく、業務外の管理／支援も提供している。つまり、外的要因は網格長の決定的な要因ではないと考えられる。

　内的要因としては、網格長は住民との長い関わりを通じて、協働関係を構築してきたことが挙げられる。住民との信頼関係を築くことは網格長が住民への支援を続ける要因と考えられる。外的要因については、先行研究の指摘と一致する。本研究では、主に内的要因の重要性を指摘している。

4-3 管理／支援業務の意識、モチベーション、関係形成の各変数間の関係

先行研究では、管理業務が多くなればなるほど、地域の活性化や住民への支援を妨げることが指摘されている。しかし、本調査では、管理業務は住民の協働関係形成との間に正の影響があり、仮説④と一致しない。支援業務は住民と協働関係形成の間に正の影響があり、仮説⑤と一致する。さらに、生活支援は行政の補助よりも住民との協働関係を構築することができる。住民との協働関係とモチベーションの間には正の影響があり、仮説⑥と一致する。

したがって、管理を中心にして網格化管理制度を実施すると、地域の活性化、住民のニーズ発見、住民への支援の妨げとなるが、支援と管理の機能をバランスよく取ることができれば、住民への支援と地域の活性化を促進することができると考えられる。

調査結果に示したように、網格長に求められる管理業務の内容は「住民の要望を行政部門に伝える」、「中央政府の意向を住民に伝達する」「住民代表者の選挙を推進する」「住民の困りごとを行政機関と共有する」のような行政に関わる情報伝達業務の行政の補助である。このような管理業務を行うことで、地域に出向く活動が他の業務につながる入り口となっていると考えられる。住民が網格長と「顔見知り」の関係になることで住民との協働関係が促進される。支援業務は管理業務以上に住民との協働関係を築くことができるため、管理業務から支援業務まで行うと、網格長が一方的に住民に対して働きかけるだけでなく、住民は網格長の業務に協力するようになる。網格長は地域のキーパーソンとされ、網格長の仕事に協力するために、住民は近隣の見守り、相互の間での問題解決、社区活動への参加、ボランティア活動への参加などが行われる。それによって、地域が活性化されると考えられる。

このような過程を繰り返し、長年の経験を積み重ねることによって、対処方法を身につけ、地域の住民に支えられ、達成感を得て満足する。その達成感は仕事のモチベーションになり、さらに住民への支援に全力が注ぎ続けられるといえる。

　本研究の新規性は、住民との信頼関係形成に与える影響を把握することによって、給料と評価システムの改善、キャリアアップの推進、管理機能から支援機能への移行について、より明確な示唆を与えている点にある。

　長春市Ｂ区の網格長に限定した調査であるため、幅広い中国都市部の社区の実情を反映するためには、調査対象地の拡大が必要である。

第5章

網格長の実践における
管理と支援の捉え方

長春市B区の網格長の
インタビュー調査をもとに

1　本章の目的

　第3章の質的調査の結果では、網格長によるアウトリーチは【一時的な困りごとを解決する】ことだけではなく、【継続的な困りごとに対応する】ための社会資源が足りない場合、隙間ニーズにも対応することを明らかにした。この結果から、公式的には網格長は管理と支援の機能を持つ職員と規定されるが、実際には、網格長は管理していると考えずに、支援を提供することに集中していることが窺える。

　また、第4章の量的調査では、管理の業務から支援の業務への移行に与える影響の要因は住民との関係形成であることを明らかにした。しかし、実践において、網格長は管理と支援をどのように捉えているのかについて、さらに直接網格長に確認する必要がある。

　本章では、網格長自身の語りから、網格長の実践における管理と支援の内容がどのように捉えられているのかについて、追加のインタビュー調査を通して明らかにする。

2　調査の概要及び研究の方法

2-1　調査期間・調査協力者の特徴

　本調査は2022年3月〜4月にかけて、2020年に実施した量的調査の継続調査として、網格長に対してインタビュー調査を実施した。第4章と同じ地域である長春市B区で、住民によく支援している5つの社区を抽出した。その中から、5年以上勤務していることを条件として、各社区から1名ずつ、計5名の網格長にインタビュー調査を実施した。調査協力者の基本属性は表5-1のとおりである。

表5-1　調査協力者の基本属性

ID	性別	年齢	担当年数
事例1	女	35	6年
事例2	女	37	5年
事例3	女	35	5年
事例4	女	40	7年
事例5	女	41	6年

2-2　調査の概要及び分析方法

　調査実施においては、COVID-19の影響で対面のインタビュー調査ができず、zoomを通してインタビュー調査を行った。調査の依頼書とインタビューガイドを事前にメールにて調査協力者に送り、了承をもらった上で、1名につき約40分〜1時間の半構造化インタビューを行い、録音した。インタビューにおける質問は以下の4項目である。

①仕事の中で、管理の意味をどのように捉えていますか？
②支援の意味をどのように捉えていますか？
③実際の仕事において、管理と支援をどのように使い分けていますか？
④その理由は何でしょうか？

　本調査は、東洋大学大学院の倫理審査委員会の承認を得て実施した（承認番号：2021-25S）。録音の同意や個人のプライバシーの保護などについて協力者に伝え、口頭での了承を得て、その旨を音声として記録している（zoomのインタビューのため、文書による同意書が得られなかった）。
　本研究では、実践における、網格長の「管理」、「支援」の業務に対する捉え方を明らかにするために、網格長へのインタビューを行った。分析については、佐藤郁哉（2008）の「事例－コード・マトリックス」による質的データの分析を行った。この手法は、事例からコード・マトリックスを中心にして継続的比較法の方法を生かしながら、コード、データ、事例という3者の間の関係

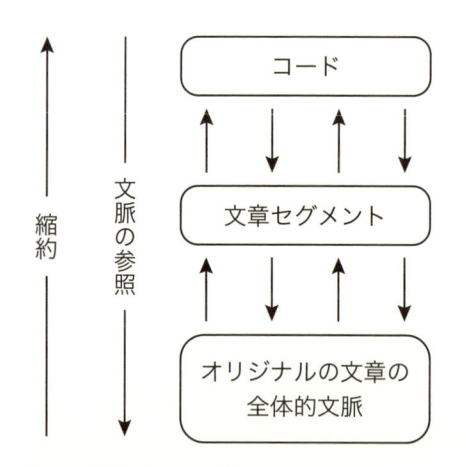

図5-1　質的データの分析
出典：佐藤郁哉（2008:56）に基づき筆者作成

についてさまざまな角度から検討する技法であり、図5-1のように、一方向的なデータの縮約にとどまらず、文脈の参照が何度となく繰り返される特徴がある。「縮約」と「展開」の双方向のデータ分析の要求を満たしながら、1つの概念カテゴリーを生成していく点に特徴がある。

この特徴について、佐藤郁哉（2008: 114-115）によると、「『事例－コード・マトリックス』はしっかりとデータに根をおろした概念モデルを構築していくうえでしばしば重要な手がかりであり、各文書セグメントを丸ごと貼り込むのではなく、定性的コーディングによりデータの縮約の手続きを行い、一方向的なデータの縮約にとどまらず、文脈の参照が何度となく繰り返される」と述べる。この理由から、本研究の目的と合致すると判断し、分析方法として採用した。

分析手順は、まず、語る内容を中国語で逐語録化し、日本語に翻訳した。次に、テキスト化された事例の脱文脈化を行い、「セグメント化」の作業を行った。また、「事例－コード・マトリックス」を中心にして継続的比較法の発想を生かしながら、コード、データ、事例という3者の間の関係について、継続的に検討を行った。横軸に事例を並べ、コードを縦軸にして文章セグメントを位置づけ、一覧表に整理した。

網格長の管理と支援の捉え方の意識に着目して、5事例をセグメント化し、最終的に17のカテゴリーが析出された（付録表2）。カテゴリーを〈　〉、文書テキストは「　」にて表記する。

網格長の実践における管理業務に関しては、〈管理を行わない〉、〈仲介役〉、

〈地域の共同課題への対応〉、〈行政機関へのデータの提供〉という4カテゴリーを析出した。

　支援業務に関しては、〈情報の伝達〉、〈ニーズ・課題の把握〉、〈資源へのつなぎ〉、〈住民の困りごとの解決〉、〈フィードバック〉、〈住民の見守り〉という6カテゴリーを析出した。

　管理と支援の使い分けについては、〈管理の権限がない〉、〈支援の目的で業務を行う〉、〈信頼関係の形成〉、〈協力してもらう〉、〈地域活動に参加してもらう〉、〈住民同士の助け合い〉、〈関係形成の阻害〉という7カテゴリーを析出した。

3　管理の業務に対する捉え方

　網格長は自身の業務について、〈管理を行わない〉と認識し、自身の役割を〈仲介役〉と位置づけ、〈地域の共同課題への対応〉と〈行政機関へのデータの提供〉の業務は直接には住民への支援ではないが、最終的な目的は住民への支援であるとしていた。

　具体的には、網格長は自身を管理者と考えず、住民に対して管理機能を発揮していないと考える。事例では、「私たちは住民を管理せず、住民の困りごとをサポートするために仕事している。住民の問題解決のため、各部門と連携する」、「私の仕事は管理じゃない。住民を管理することは、ありえないでしょう。毎日住民と接しているからこそ、その人たちのことがよく分かるから、せいぜい、必要なサービスや情報を提供するような仕事である」と語った。このように、網格長は住民と関わるとき、住民を管理する意識や地域を管理する意識を持たず、行政機関への情報提供や社会資源の調整などの業務も住民の問題解決につながると考えていることが分かった。

　網格長は、他の支援主体と住民の間を取り持つ「仲介役」という位置づけで仕事をしていると考える。事例では「さまざまな資源を調整するようなものだと感じている。サービスと支援制度について、詳しく知っているのは私なの

で、例えば、住民がサービスを求めても、どこに行けばいいのか分からないとき、私が資源情報のまとめ役になって、情報をお知らせしたり、必要なときに説明とコミュニケーションをとることができるから、中間的な立場だ」、「私たちの仕事のやり方は『コーディネート』で、関係機関のコーディネートだ」と語り、〈仲介役〉の機能を果たして、住民に支援する目的を達成している。

しかし、網格長の業務のうち、管理と類似する業務は〈地域の共同課題への対応〉、〈行政機関へのデータの提供〉であった。

〈地域の共同課題への対応〉の詳細について、網格長は「私は住民が自分の雑貨を公共スペースに置いていることに気づいたら、ポリシー上、許されないと思う時、管理的な観点からの相談も可能だ。例えば、彼らの雑貨が公共スペースに置かれていると、消防法に抵触して危険だ。これはダメだと言うのも、住民ための支援だと思う。私たちは警察ではないので、これがどのような安全上の問題があるのか、あるいは他の人の安全にどのような影響を与えるのかを彼に伝えることしかできないのだ。それでも、管理ではない」と語った。

これらのデータから、網格長は、公共エリアでの違反行為を発見し、他の住民に安全上の問題がある場合、解決のために、関係者とコミュニケーションをとる役割を担っている。同様に、公共エリアの安全上の危険性を確認する作業も、住民の安全を維持し、住民を支援するための働きと読み取れた。

また、網格長は、〈行政機関へのデータの提供〉のような情報を管理する業務は管理型業務と類似すると語った。「住民の情報を管理し、秘密を保持する。あるいは、行政の仕事に協力し、データを提供したりする」、「他の機関がデータを必要する場合、私たちは整理して提供する。それは、情報管理の仕事かな。住民の管理ではないね」と語ったように、収集された情報は住民を支援するために管理されており、関係機関に情報を提供する目的は、住民によりよいサービスを提供するためであることが読み取れた。

4　支援の業務に対する捉え方

　支援に対する捉え方について、「すべての業務は住民に支援するためである」と語ったように、網格長は自身の業務が支援であると位置づけている。網格長は他の支援主体と住民の間で、〈仲介役〉の機能を果たし、〈情報の伝達〉を行い、住民の〈ニーズ・課題の把握〉、〈資源へのつなぎ〉、〈住民の困りごとの解決〉を行う。住民の困りごとを解決した結果を〈フィードバック〉して、社会資源が足りないことが原因で困りごとを解決できない場合、解決できるまで〈住民の見守り〉を行う。

　〈情報の伝達〉について、網格長は「現在の公的サービス、市場サービス、制度政策などを住民に紹介し、WeChat グループ（SNS）によって、より多くの人と情報を共有する」、「住民に何か問題や要望があれば、地域や他機関に伝えている」と語って、網格長はサービスの情報を住民に伝えることだけでなく、住民の要望も他の支援者に共有する。また、「何らかの困りごとがあるのか、私は常に把握する」ように、常に〈ニーズ・課題の把握〉は網格長の普段の主な業務であることが分かった。

　困りごとに対応するアプローチでは、網格長が「社会の資源につないで、住民の困りごとに対応する」という〈資源へのつなぎ〉を行い、〈住民の困りごとの解決〉をする。さらに、社会資源が足りない場合、網格長は、常に訪問し、〈住民の見守り〉を行う。〈住民の困りごとの解決〉の具体的な話について、網格長は「一人暮らしの高齢者、失独高齢者（一人っ子を亡くした高齢者）のために、経済扶助サービスを利用させる。私は週に2、3回訪問して、彼らの生活の様子を見に行く。家の片づけを手伝い、暮らしぶりを見る。その他に必要なものがあれば、街道に報告し、できる限り解決する」と語った。

　住民の困りごとを解決した後の〈フィードバック〉も行う。それは、網格長が「私たちは、住民の問題を解決するために、いくつかの資源を適宜マッチングする。マッチングだけではなく、サービスがうまく提供されたか、完全に課題を解決できたのかを継続して確認する必要がある」と語った。

しかし、社会資源が足りない場合もある。その時、網格長は、「すぐに解決できない場合は、とりあえず、常にこの住民と連絡する。解決可能な場合は、速やかに住民に連絡する」と語ったように、社会資源が足りないという原因で困りごとを解決できない場合、解決できるまで〈住民の見守り〉を行う。

　このように、住民と直接に関わることによって、住民の身近な困りごとを解決すること、フィードバック、見守る業務が支援であると捉えられる。

5　管理と支援の使い分け

　実践において、網格長は管理と支援を使い分けない。その理由について、網格長は自身を〈支援の目的で業務を行う〉と位置づけ、〈管理の権限がない〉。住民を管理すると、住民との〈関係形成の阻害〉になるため、住民を管理しない。一方、〈支援の目的で業務を行う〉と、住民との〈信頼関係の形成〉を形成し、住民に〈地域活動に参加してもらう〉。それだけではく、住民が網格長の仕事に〈協力してもらう〉ようになっている。困りごとがある場合、〈住民同士の助け合い〉によって、解決する。

　〈支援の目的で業務を行う〉について、事例では、網格長は「住民に関わる仕事はすべて支援だ。行政の仕事にも協力するが、それでも、住民をうまく支援するために情報を提供する。使い分けの考えはない」と述べ、さらに、「住民に関わるものはすべて支援だ。その範囲は広いね。住民の方が何か相談に来られるたびに、私たちは解決策を考える」と語った。

　〈管理の権限がない〉について、「会社が社員を管理するように住民を管理することはできない。住民は私たちの従業員ではないからだ。私たちは住民を管理する立場でもない」と語られたように、網格長は住民を管理する権限がなく、管理する立場でもないことが分かった。

　さらに、住民を管理すると、住民との信頼関係を阻害する。事例では、「普段は友だちのように、地域のために助け合いながら生活している。もし、私が住民をコントロールしたとして、私たちを受け入れられず、友だちにはなれな

いでしょう」と語られ、「管理の関係になると、協力してもらえない」という信頼関係を阻害する理由を語った。

　一方、網格長による住民へのアウトリーチによって、住民と〈信頼関係〉を構築する。事例では、「私は地域の住民をお互いに知っているので、訪問する際に、住民がドアを開けてくれて、情報を話してくれる」と語ったように、住民は網格長を信頼し、ドアを開けて、情報の提供ができる。しかし、網格長が同行しないと、他の支援機関が住民の家に訪問することは難しい。その理由は、網格長の語りによると「信用されないから。特に、高齢者は他人を信頼するのが難しい。騙されることを心配するから。」と語った。網格長が住民との親密な関係について、「私たちは住民と友だちで、訪問するとき、よく住民から『うちの家にご飯を食べにきて』と誘われる」と語った。

　網格長と住民の信頼関係によって、住民は網格長の仕事に協力し、地域活動にも積極的に参加する。この点については、網格長の語りによると、次のCOVID-19の流行に対応する事例が挙げられた。

　「昨年（2021年）、隣の町でCOVID-19の感染者が一人いたね。県は緊急計画を出して、濃厚接触者を探すために、翌日に担当地域の全員のPCR検査をしないといけないと言われた。しかし、どの時間帯で、どこで、どのようにPCR検査を全員にしてあげるかについて、調整する業務がたくさんあった。人手も足りなくて、とても焦って、無力だと感じた。その時、私は、Wechatのグループにボランティア募集のメッセージを住民に送った。こんな緊急状態でも、多くの住民がボランティアで手伝ってくれて、助かった。」

　それだけでなく、「忙しい時、住民のすべての困りごとを速やかに対応できない」と語ったように、住民は網格長の普段の業務にも協力する。

　また、地域のイベントに参加することについて、網格長は「普段、住民との会話から住民の趣味などを知ることもできる。サロンなどを開催する場合、住民に声を掛けたら、踊りのサロンや、絵を描くサロンなど、とても熱心に参加してくれたね。」と述べた。このようなデータから住民が網格長の業務にも協力し、地域の活動にも積極的に参加することを読み取ることができる。

6 網格長の実践における活動の特徴

　結果に示したように、網格長による活動は、住民を管理する目的で実行されていない。また、地域秩序と環境保護などの管理は支援のために行う業務だと考えられ、「私たちは管理職ではなく、住民のための支援者である」と述べられたように、網格長が自身を支援者と位置づけていることが分かった。そのため、制度政策では、管理と支援の役割と業務を分けて定義しているが、実践において、網格長は管理と支援の捉え方を使い分けていない。その理由は、管理の権限がなく、住民を管理することが住民との信頼関係の形成を阻害するからという結果を示した。

　以上の分析結果に基づいて、次の3点から網格長の活動の特徴を考察する。

6-1　公共の生活空間の困りごとの解決

　公共の生活空間の困りごとの解決の特徴は、公共の生活空間における問題を解決することで、間接的に住民を支援する目的を達成すること、収集したデータを行政機関や他の支援主体に共有することで、間接的に住民への支援の目的を達成することである。

　制度で明記した地域の環境を管理する業務は、地域を守る、地域環境の維持、環境保護監督業務、不法投棄、住民からの苦情・通報、点検で発見された環境安全リスクへの助言・報告、生産安全への取り組み、火災安全作業ということである。

　しかし、網格長の実践では、こうした公共の生活空間での問題を解決するアプローチは、警察のように取り締まることではない。その代わり、住民とのコミュニケーションを通じて、地域の問題を解決していく。解決する際に、網格長と住民との顔見知り関係、または信頼関係に基づいて、住民が積極的に網格長の業務に協力するようになっている。しかし、コミュニケーションがうまくいかず、解決に至らない場合、網格長と良好な関係を築いている他の住民が、網格長の問題解決に協力することもある。したがって、公共の生活空間におけ

る問題解決においても、網格長と住民との間に築かれた関係が不可欠である。警察のような強制的なコミュニケーション方式ではなく、信頼関係に基づいたコミュニケーションをとる方法が、問題解決や地域の活性化につながると考えられる。

収集したデータを行政機関や他の支援主体と共有することで、間接に住民への支援を達成した。

網格長の日常業務のひとつは、担当する地域の住民や地域に関する情報を収集することである。行政や各支援の主体と情報を共有し、秘密保持を徹底する。網格長による情報の共有は住民の困りごとを直接に解決するものではないが、他の支援主体が住民の状況を迅速に把握し、サービスを提供できるようにするための手段であると考えられる。情報を共有することで、住民の困りごとを解決したり、住民にサービスを提供したりすることができる。

以上の2点については、第4章の結果と一致することがみられた。

6-2　住民自身が抱える困りごとへの直接の対応

住民自身が抱える困りごととは、住民の個人的な困りごとや家族が抱える困りごとを指す。網格長は、住民のニーズや課題を把握することで、住民の問題解決に必要な社会資源を調整する。社会資源が足りない場合、網格長は困りごとを抱えている住民を常に見守る。この結果は、第3章の隙間ニーズへの対応に関する結果と一致する。

困っている状態に応じてさまざまになるが、援助の概念について、稲沢(2017: 2)は「誰かが困っており、手を差しのべるなどの何かを行うことである」と述べて、「援助は困っていることを解消すること、あるいは、少しでも改善することをめざしている」と定義した。

このように、網格長の活動によって、公共の生活空間の困りごとの解決と、直接に住民自身が抱える困りごとに対応することは、いずれも住民が困っていることを解消するたに、手を差しのべることだと考えられる。

6-3 「人と人との」関係性に基づく支援

網格長は公共の生活空間における問題の解決にとどまらず、住民自身が抱えている困りごと、隙間ニーズにも対応する。これによって、人と人の関係性を大事にしながら、信頼関係の構築を目指すことができる。このようなデータから仕事上の関係を超えた人と人の関係の構築を読み取ることができる。

公共の生活空間の問題を解決するにしても、住民自身が抱える困りごとに対応するにしても、住民が置かれている負の状態を少しでも改善することを目指す支援である。これによって、住民は自発的に網格長の業務に協力したり、地域活動に参加したり、お互い助け合うことになる。

このように、住民の困りごとに対応する過程では、網格長は住民と直接に関わる必要がある。住民と直接に関わるプロセスでは、援助側と援助される側という関係ではなく、人と人との相互的信頼関係である。したがって、制度政策では、管理と支援の2つの機能を分けることができるが、実践においては、管理と支援の機能を分けることができず、人と人との関係に基づいて、住民に支援を提供することが唯一の目的である。

こうした実践はリッチモンドがクライエントと「友として」接することの重要性について述べているように、「その人自身に関心、共感を寄せること、一人の人として尊重することであり、そのことが本人の主体的な問題解決につながること」を示し、それは現代のソーシャルワークの源流である（リッチモンド＝門永ら2017: 104）。友愛訪問員がうまく訪問できるのは、「訪問員のクライエントに対する気持、特に同情と友好心が前進の鍵になること」とされ（リッチモンド＝門永ら2017: 106）、その際、「家庭訪問員がクライエントの私的な場所に入れるのは権威や地位や強制ではなく、同情と友好心を持ち、最も個人的な情報に接近する一番効果的な方法である」と述べている（リッチモンド＝門永ら2017: 106）。

これらの検討により、網格長の活動において、網格長は権威の手法を用いておらず、人と人の関係性を大事にして、住民が困っている状態を解消する過程に、住民と「友」のような信頼関係を構築したといえる。

第6章

日中の地域福祉支援体制及び
地域福祉担い手の機能の比較

1 本章の目的

本章では、日本のコミュニティの歴史的な発展を整理した上で、日本のコミュニティ政策の変遷を参照し、日中の地域福祉支援体制及び地域福祉担い手の機能を比較する。その上で、社区網格化管理の仕組みと網格長の位置づけを検討する。

2 日本の地域コミュニティ政策の歴史的経緯の概観

大橋謙策は社会福祉の発展段階について地域福祉を軸にして、5つの節目に区分している（大橋2022: 111-115）。これによると、第1の節目は、1961年に制度化された「国民皆保険皆年金」であり、第2の節目は、1970年前後において、戦後の社会福祉事業体制がさまざまな視点から議論された時期であり、第3の節目は、1990年の社会福祉関係八法改正に伴う市町村への権限移譲が始まった時期であり、第4の節目は、2000年「介護の社会化」の起点になった介護保険制度の実施であり、第5の節目は、2010年代から「地域共生社会実現政策」の実施であるとしている。

また、川島（2011: 22）は、1969年の国民生活審議会報告「コミュニティ──生活の場における人間性の回復」を契機としてコミュニティ形成が提起されたことを、日本型のコミュニティケア黎明期としている。そのため、本節では、大橋謙策が示した地域福祉の発展の区切りと日本のコミュニティの歴史の変遷（中島2015、単2005）を参考に、日本型のコミュニティケア黎明期と言われる1960年代末から現在までの地域コミュニティの歴史を、地域再編とコミュニティの提起（1970年代〜1980年代）、地方分権とコミュニティソーシャルワーク（1990年代〜2000年代）、地域共生社会（2010年代〜）の3段階に区分する。

2-1　地域再編とコミュニティの提起（1970年代～1980年代）

　1968年、イギリスでシーボーム報告が発表された影響を受け、日本では、1969年の国民生活審議会報告「コミュニティ――生活の場における人間性の回復」（以下「報告」）がコミュニティについて、「生活の場において、市民としての自主性と責任を自覚した個人及び家庭を構成主体として、地域性と各種の共通目標をもった、開放的でしかも構成員相互に信頼感のある集団」と定義した。

　「コミュニティ」という言葉がはじめて公的に示された背景は、経済の高度発展、人口の流動化による昔の地域共同体が崩壊していく中で、新しいコミュニティの創造が求められたことである。また、行政が地域に参加する比重について、「報告」によれば、「行政、特に地域に根ざす基礎自治体においてはコミュニティ行政に比重が大きくなる。しかし、コミュニティ形成はあくまでも生活者、住民の自発的意思と協働に俟つべきであり、行政はコミュニティの環境醸成の間接的役割にとどまるべきこと」を指摘した。コミュニティ形成の目標について、南（2021: 113）は2つに分けてまとめている。第一は、地域住民が社会的共同生活をしていく上で必要となる物的な生活環境の水準を確保すること、第二は、人と人の交流、住民参加、市民意識等の充実をはかることであった。

　このように、日本では初めてコミュティの概念が提起され、行政はコミュニティ形成において間接の役割にとどまるべきと強調されることが分かった。

　1971年、当時の自治省は、「住民が望ましい近隣生活を営むことができるような基礎的な地域社会をつくるため、新しいコミュニティづくりに資する施策をすすめる」ことを目的に「コミュニティ（近隣社会）に関する対策要綱」を制定し、全国約100か所をモデルコミュニティ地区に指定し、3年間コミュニティ活動に取り組むことを進めた。

　1980年代以降、日本においては地域福祉が本格的に進展した。1980年代に入ると、日本の地域福祉の実態は、高齢化社会における介護問題対策への住民参加として進められてきた（牧里ら: 43）。地域社会問題は、地域生活基盤の整

備から、高齢者、障がい者の福祉サービスなどへと拡大してきたのである（原田2012: 159）。これらの問題を解決するため、総合的政策としての「まちづくり」活動が意識され始めた。

1983年に、「コミュニティ推進地区設定要綱」が定められ、都市化の進展に伴いコミュニティ政策を推進する必要性が極めて強いと認められる147地区がコミュニティ推進地区として指定された。1980年代の地域福祉発展の特徴について、原田（2012: 159）は「住み慣れた地域や自宅で暮らし続けたいという要求は、決して本人のわがままではなく、ノーマライゼーションに照らして当然の権利」であるとした。

2-2 地方分権とコミュニティソーシャルワーク（1990年代〜2000年代）

1990年代、経済・社会・行政などの危機に直面して、中央集権的行政の欠点が明らかとなり、地方分権の必要性が強く意識され、「第三の道」が模索された。福祉国家の再編に伴う地方分権化が、コミュニティのあり方に大きな影響を与えたことが特徴である。さらに、日本地域における少子高齢化の急速な進展など新たな課題が深刻化・顕在化してきた。さらに、1990年代前半に、バブル経済の崩壊や国内経済の急激な落ち込みにより、財政が限界に達した。これによって、従来型の行財政の運営方法が難しくなり、地域づくりにおける考え方の見直しが必要となってきた。そのため地方分権改革が国の基本的な方針となった。

1990年6月、社会福祉関係八法が改正され、社会福祉行政の市町村への権限移譲、地方分権への議論が始まった。このような政策動向を受け、1997年から社会福祉基礎構造改革の検討が開始され、2000年には社会福祉事業法の社会福祉法が成立した。これとともに、地域ケアシステムの実体化や地域福祉の法定化が実施された（川村2021: 16）。地方分権について、大橋（2019: 3）は「社会福祉行政の分権化が進められたとはいうものの、国家責任論、行政責任論に裏打ちされた強固な中央集権的機関委任事務体制であったものが、基本的

に社会福祉行政は市町村が責任をもつとされ、社会福祉行政が厚生省（当時）から市町村へとコペルニクス的転回をしたことは大きな節目」であると述べている。

地方分権改革を実現するためには、自己決定・自己責任を果たせる地域社会は、住民の自治を重視する必要がある。住民の自治能力を高めるためのさまざまな施策があるが、地域自治組織の設立に重点が置かれている。

また、1995年1月に発生した「阪神・淡路大震災」は、地域に甚大な被害をもたらした。しかし一方で、地域社会のつながりや役割の重要性を考えるきっかけとなった。「社会的な援護を要する人々に対する社会福祉のあり方に関する検討会報告書（2000）」では、地域のつながりが弱いため、社会的排除の課題が解決できないと指摘され、つながりの再構築の重要性を提示した。このように、地域住民組織、行政、ボランティア組織、NPO団体の協働を重視するコミュニティ政策が必要になってきた。

「阪神淡路大震災」への対応を契機として、ボランティア活動をはじめとする市民活動の重要性が認識された。震災後、個人や任意のボランティア団体を含め、延べ100万人を超える人たちが復興のため集まり、1995年はNPO元年と呼ばれるようになった。1998年には「特定非営利活動促進法」が成立し、同年12月1日に施行された。

2007年、内閣府は「国民生活白書——つながりが築く豊かな国民生活」を発表し、家族・地域・職場における「つながり」の本質に焦点を当てている。白書によると、地域の教育力の低下、治安の悪化など地域のつながりが希薄になっていることが指摘された。また2008年、地域福祉のあり方に関する研究会報告書「地域における『新たな支え合い』を求めて——住民と行政の協働による新しい福祉」（厚生労働省）が出された。この報告書では、公的サービスが多様な住民のニーズに応えられない現状が指摘されている。

社会的孤立、家庭内暴力、不登校など複合的な問題を抱えた家庭、生活問題を抱えている社会的立場が弱い人たちなど、目に見えない課題に対しては、既存の制度だけでは対応しきれない中、コミュニティソーシャルワーカーは、こ

うした目に見えない課題を発見し、地域をつなぐ中核的役割を担うようになった。

このように高齢化や地域の複合的な課題が進む中、従来のコミュニティワークから、地域の問題を積極的に把握し、個別の生活課題に対応するコミュニティソーシャルワークによって「隙間ニーズ」に対応するようになった。

2-3　地域共生社会実現政策（2010年代〜）

2010年、厚生労働省は「地域包括ケア研究会報告書——今後の検討のための論点整理」を発表し、2025年の超高齢化社会における地域包括ケアシステムの構築が示された。介護保険のサービス（共助）だけでなく、医療保険関連サービス（共助）、住民全体のサービスやボランティア活動（互助）、セルフケアの取り組みなどの資源を活用できるようなシステムの構築について言及している。

2014年の医療介護総合確保推進法により地域包括ケアシステムが法律上に位置づけられ、本格的な地域包括ケアへの取り組みが開始された。

2019年、「地域共生社会に向けた包括的支援と多様な参加・協働の推進に関する検討会」（地域共生社会推進検討会）が開催され、「共同体機能の脆弱化」と「人口減による担い手の不足」という課題が提起された。それに対応するため、「制度・分野ごとの『縦割り』や『支える側』『支えられる側』には従来の関係を超える必要がある」とした。さらに、複合的な課題に対応するために、住民の課題などが明確な場合には「課題解決型支援」を行うとした。一方、生きづらさが不明確の場合は「伴走型支援」を行う必要があるとしている。

「課題解決型支援」の目的は「解決」である。その一方で、「伴走型支援」の目的は、「つながること」である。そのため、「伴走型支援」においては課題を解決することではなく、「孤立させない」ということが目的である。つまり、問題が解決できても、できなくても「つながる」ことが大切なのである（ホームレス支援全国ネットワーク2020）。「地域共生社会に向けた包括的支援と多様な参加・協働の推進に関する検討会」（地域共生社会推進検討会）（2019）による

と、「伴走型支援」の実践においては、コミュニティソーシャルワーカーが現地に足を運び、住民のエンパワメントを重視し、継続的に寄り添うことによって、住民と継続的なつながりが求められる。さらに、住民の困りごとを解決する支援が必要となり、目に見えない潜在的な支援ニーズを把握することが必要である。

解決が目的ではなく、継続的な「つなぐ」を目的とする「伴走型支援」のようなコミュニティソーシャルワークの新たな目標については、中国の社会治理や社区治理の政策では言及されていないことが分かった。

3　日中の地域コミュニティ政策の歴史的経緯の比較

中国と日本における地域コミュニティ政策の歴史的経緯を個別に検討した。中国のコミュニティ政策の歴史的経緯を捉えるために、日本の地域コミュニティ政策の歴史の変遷の観点から、検討する。

ここでは、日中地域コミュニティ政策の歴史的展開を、「国レベル」、「組織レベル」、「実践レベル」に分けて比較した（表6-1）。表6-1によると、日中コミュニティ発展には時代の差があることがみられた。

表6-1　日中地域コミュニティ政策の歴史的経緯の比較

	中国	日本
年代	社会統制段階：1949年～1980年代	1970年代～1980年代
国レベル	政権固め、社会の安定：党と政府が責任をもって、一元的管理（指導、指示、関与）	経済の高度発展、人口の流動化：地域再編／コミュニティの提起 行政→地方自治体権限移譲
組織レベル	単位／居民委員会	コミュニティ推進地区の指定
実践レベル	従来型管理：社会支配と監視	住民の生活の質の確保、住民参加、市民意識の充実
年代	社会統制段階～社会治理段階：1980年代後半～2012年	1990年代～2000年代

	中国	日本
国レベル	国内の高度経済成長： コミュニティの提起／地域の再編：一元管理機能から支援機能へ	経済の崩壊： 地方分権改革とコミュニティソーシャルワーク
組織レベル	社区地域／社区居民委員会 社区実験区の指定と実施	市町村合併：地域住民組織と行政、NPO団体、ボランティア組織の協働を重視する コミュニティソーシャルワーカーの配置
実践レベル	流動化する社会の安定化、住民の生活の質の改善、生活環境の水準の向上	地域の問題を積極的に把握すること、隙間ニーズに対応すること
年代	社会治理段階：　2013年〜	2010年代〜
国レベル	急速な経済発展によって、多様な社会問題に対応するため、地域づくりの考え直し	地域共生社会、「重層的支援体制」、「伴走型支援」
組織レベル	多様な主体による対応 社区－網格化（小地域化）、網格長の配置	「孤立させない」コミュニティソーシャルワーカーによりつなぐ
実践レベル	小地域で地域の問題と住民のニーズを積極的に把握する	課題解決型支援⇒「解決」 伴走型支援の目的⇒つながる、孤立させない

（1）日中コミュニティ形成

　中国では1980年代に初めてコミュニティ形成が提起されたが、それに対して、日本は1969年からである。

　中国では、「単位」から離れた人々を受け入れる居場所が必要であるため、社会の仕組みの再編が必要となった。また流動化する社会の安定化、人々の生活の質改善、生活環境の水準の向上を中心とした社会構築を目的とし、「社区」がはじめて提起された。また経済改革に伴い、地域支援と地域づくりの内容が提案され、支援と管理は、政府だけの責任ではなく、市場に委ねられた。具体的には、政府のほか、市場・社会組織の参加、社会秩序と住民生活の安全の維持、人々の生活改善を中心にするということである。1999年、21都市26区が「社区実験区」として指定された。

　それに対して、日本で「コミュニティ」という言葉がはじめて公的に示された背景は、経済の高度発展、人口の流動化によって、昔の地域共同会が崩壊し

ていく中で、新しいコミュニティの創造が求められたからである。コミュニティ形成の目標は物的な生活環境の水準を確保すること、人と人の交流、住民参加、市民意識等の充実をはかることであった。1983年に、「コミュニティ推進地区設定要綱」が定められ、147地区がコミュニティ推進地区として指定された。

　このように、中国と日本のコミュニティの提起の時代と国レベルにおける政策の内容は異なるが、経済の発展の背景、直面する課題、政府機能の転換、コミュニティ推進の方法に関する内容からみると似ていると考えられる。

(2) 日中コミュニティ推進

　中国では2013年から始まった多主体による対応と小地域で積極的にニーズを把握することは、日本の1990年代〜2000年代のコミュニティの推進の内容と似ているとみられる。

　中国において急速な経済発展の結果としてさまざまな社会問題が現れてきた。具体的には、都市化の進展により、流動人口が増加するとともに、都市部・農村部を問わず、一人っ子政策の実施と高齢化が進み、空巣高齢者や失独高齢者のような家族に助けを求められない高齢者が増加するとともに、若者を含めて孤立化が進み、コミュニティのつながりが弱くなっている。その結果、政府主導の運営方法から多主体による地域づくりへの転換が求められた。社区では、より住民に密着した対応が求められることになり、積極的に住民のニーズを発見することと、ニーズを資源につなぐことが地域づくりの緊急課題となった。複合的な課題に対応するため、中国の地域社会では従来型管理モデルから社会治理の多主体による地域づくりに転換し、小地域で担当者を配置し、早い段階で住民の情報とニーズを把握するようになってきた。

　それに対して日本では1990年代から、日本地域における少子高齢化の急速な進展など新たな課題が深刻化・顕在化してきた。従来型の行政運営方法が難しくなり、地域づくりにおける考え方の見直しが必要となってきた。地域のつながりが弱く、社会的排除の課題を解決できない問題があり、つながりの再構

築の重要性が注目された。多様・多重な住民のニーズに公的サービスでは対応しきれていない現状に対応するため、新たな支え合いが地域に求められた。

さらに、社会的孤立、家庭内暴力、不登校など複合的な問題を抱えた家庭、生活問題を抱えている社会的立場が弱い人たちなど、目に見えない複合的な課題が進む中、従来のコミュニティワークから、地域の問題を積極的に把握し、個別の生活課題に対応するコミュニティソーシャルワークによって「隙間ニーズ」に対応するようになった。

このような社会治理を推進する方向は日本の2000年代に推進された地域コミュニティの改革の方向と似ていると考えられる。

（3）まとめ

日本と中国にコミュニティ発展の時代差があることについて、日本の経済発展のパターンと経済の構造変化を参照し、中国の経済発展段階を振り返ると、沈（2017: 183）は「中国の1981年から2011年の高度成長期は、日本の1956年から1973年の高度成長期のパターンに似ている」と推論し、日本の1974年から1990年までの経済発展期は、中国の2012年から現在までの経済変革・発展の新段階に比較的近いと言えると述べている。日中の発展パターンには、まだ多くの共通点があるとしている（沈2017: 183）。

このように時代差があるものの、組織レベルと実践レベルにおける地域コミュニティの内容が似ている理由は、日本が中国より先に高度経済成長期と都市化時代に突入したことであると考えられる。日本は中国よりも早い段階で複合的な社会問題を経験し、同時にそれに対応するための政策を打ち出してきた。その結果は、「両国とも歴史的経緯や具体的な内容は異なるものの、福祉国家的な国家のあり方、それに沿った統制体制から転換したことは共通している」と指摘されたことに合致する（南2019: 119）。

このように、中国と日本とでは、社会・経済・政治の発展の時期によって、コミュニティ政策の展開の時期は異なるが、統制的な政策によってではなく、住民主体による共治的な活動が中心になること、そのための仕組みと、住民生

活と住民による活動を支援する担当者が配置されているという点では共通性が見られる。

　以下、本論文では、中国の草の根の実践レベルにおける住民支援の担い手の機能という視点を念頭に起きながら検討するが、その背景として、マクロレベルのコミュニティ政策の導入や法律の整備などについて論じることにする。

4　日中における地域福祉の担い手の機能の比較

　第2章では、都市部の社区で地域住民に密着して管理と支援を提供するのは網格長であることを述べた。それに対して、日本の地域において、地域住民に密着して支援を提供する担い手はコミュニティソーシャルワーカーと民生委員であると考えられる。日本の地域住民に密着した担い手の機能の観点から社区網格化管理の仕組みの機能の捉え方を検討する。

　民生委員制度は、1948年に制定され、民生委員が各市町村に設置された。住民の生活状態を必要に応じ適切に把握しておくこと、生活に関する相談に応じ助言その他の援助を行うこと、福祉サービスを適切に利用するために必要な情報の提供などの援助を行うこと、社会福祉事業者と密接に連携し、その事業または活動を支援すること、福祉事務所その他の関係行政機関の業務に協力すること（民生委員法第14条）、小地域を担当し、概ね300世帯に1人が配置されることなどの点では、社区網格化管理の仕組みと似ている。しかし、民生委員は網格長とは基本的に異なる点がある。それは、民生委員は基本的にはボランティアであるのに対して、網格長は雇用され社区で勤務する有給の職員であることである。

　またコミュニティソーシャルワークの定義について、大橋（1998: 46-47）が「コミュニティソーシャルワークには、フェイス・ツゥー・フェイスに基づき、個々人の悩みや苦しみに関しての相談（カウンセリング）や個々人が自立生活上必要なサービスは何かを評価（アセスメント）し、必要なサービスを提供する個別援助の部分とそれらの個別援助をならしめる環境醸成やソーシャル

『サポート・ネットワークづくり』との部分があり、コミュニティソーシャルワークはそれらを総合的に展開する活動である」と述べている。

コミュニティソーシャルワークの機能に関して、大橋（2019: 31）は次の6項目を示している。それは、アウトリーチも含めた問題発見、フォーマルサービスとインフォーマルケアを有機化させて提供、個別対応型支援ネットワーク会議の開催、伴走型のソーシャルワーク、ニーズ対応型サービス開発、社会福祉協議会独自の新しい財源創出である。

岩間（2012: 19）は地域を基盤としたソーシャルワークの8つの機能を提示した。それは、広範なニーズへの対応、本人の解決能力の向上、連携と協働、個と地域の一体的支援、予防的支援、支援困難事例への対応、権利擁護活動、ソーシャルアクションである。

熊田（2015: 60）はコミュニティソーシャルワークの機能を個人支援のミクロレベル、個人支援から地域支援へのメゾレベル、制度のマクロレベルという三つに分けて、大橋謙策と岩間伸之の見解をまとめた。

それに対して、網格長は非専門職であり、社区で勤務する職員である。制度面ではコミュニティソーシャルワーカー、民生委員と網格長は異なるところが多いが、日中の地域福祉の担い手の機能を中心として、その相違点を検討する。

熊田（2015: 60）は大橋（2001: 31-32；2015: 27-37）、岩間（2012: 19）が分類したコミュニティソーシャルワークの機能を「ミクロ」、「メゾ」、「マクロ」という三つのレベルに分けてまとめた。本節では、熊田（2015: 60）の分類を参考にし、コミュニティソーシャルワーカーの機能、民生委員法14条で定められた民生委員の機能、行政文書で定められた網格長の機能を、「ミクロ」「メゾ」「マクロ」の三つのレベルで整理する。その上で、コミュニティソーシャルワーカー、民生委員、網格長の機能の相違点を検討する。

表6-2に示したように、コミュニティソーシャルワーカーの「ミクロ」の個別支援レベルに属する機能は、大橋（2019: 31）が提示したアウトリーチも含めた問題発見、伴走型のソーシャルワーク、ニーズ対応型サービス開発の機能

と岩間（2012: 19）が提示した広範なニーズへの対応、本人の解決能力の向上、支援困難事例への対応、権利擁護活動機能である。民生委員の「ミクロ」レベルに属す機能は、住民の生活状態の把握、生活に関する相談に応じ助言、福祉サービスを適切に利用するために必要な情報の提供などの援助を行う機能である。それに対して、社区網格化管理の仕組みの「ミクロ」の個別支援レベル機能はサービスの代行とトラブルの調整である。

　「ミクロ」の個別支援レベルの内容からみると、日本では、個別支援レベルに関して非常に細かい機能分類がなされている。例えば、コミュニティソーシャルワーカーは問題の発見から、住民との関係をつなぐことで問題を解決する。また、住民の問題解決能力を高め、エンパワーメントを向上させることを目指して支援を提供する。さらにサービスを拒否する住民にも支援を提供するための資源を開発することも行う。民生委員は生活相談を行いながら助言や情報提供など援助を行う。

　それに対して、中国では個別支援の内容は、住民のニーズと情報の把握、行動が不便な住民に総合的サービスを利用させるように、代行すること、住民の問題を解決するために資源を調整することに主眼が置かれていること。「伴走型ソーシャルワーク」、「本人の解決能力の向上」、「支援困難事例への対応」、「権利擁護活動」の機能がみられなかった。

　このように、個別支援機能では網格長はコミュニティソーシャルワーカーと民生委員の果たす機能に似たような部分があるものの、住民への支援のあり方、問題解決能力の向上、伴走型ソーシャルワーク、関係づくりといった具体的な支援内容については触れられていない。そのため、網格長の個別支援機能はコミュニティソーシャルワーカーと民生委員ほど詳細かつ深くないことが認められた。

　次に、「メゾ」地域支援レベルの機能について、コミュニティソーシャルワーカー、民生委員と網格長は地域の関連機関と連携して、地域の活動を行うところが似ていることがみられた。

　また、「マクロ」レベルでは、コミュニティソーシャルワーカーは、社会福

表6-2　日中の地域福祉の担い手の機能の比較

日本における地域福祉の担い手の機能				民生委員の機能 （民生委員法第14条では次のように規定されている）
	コミュニティソーシャルワーカーの機能類型（大橋謙策）	コミュニティソーシャルワーカーの機能類型（岩間伸之）		
ミクロレベル	①アウトリーチも含めた問題発見	①広範なニーズへの対応	社会福祉六法等の従来の枠組みに拘泥しない援助対象の拡大。地域生活上の「生活のしづらさ」という広範なニーズへの対応。先駆的・開発的機能の発揮。	ミクロレベル
				住民の生活状態を必要に応じ適切に把握する
	④伴走型のソーシャルワーク	②本人の解決能力の向上	個人、家族、地域住民等の当事者本人を課題解決やニーズ充足の主体とする取り組み。地域における生活主体者としての視座の尊重。問題解決能力、ワーカビリティ、エンパワメントの重視。	生活に関する相談に応じ助言その他の援助を行う
	⑤ニーズ対応型サービス開発	⑥支援困難事例への対応	深刻化と複雑化の様相を呈する支援困難事例への適切な対応。専門職による高度なアプローチ。連携と協働のためのケースカンファレンスの活用。適切な社会資源の活用。	福祉サービスを適切に利用するために必要な情報の提供などの援助を行う
		⑦権利擁護活動	権利侵害事例に対する権利擁護の推進。成年後見制度等の権利擁護のための制度の積極的活用。セーフティネットの拡充と地域における新しいニーズの掘り起こし。権利擁護の担い手の養成。	

中国における地域福祉の担い手の機能		
網格長の機能		
ミクロレベル	アウトリーチでニーズと情報把握、代行、資源調整	①アウトリーチして、網格地域内の人、場所、物、出来事、組織など地域内の情報を総合的に収集し、情報システムに入力し、適時データを更新する。②網格内の住民に労働・雇用、社会保険などの統合サービスの手続きの代行を行う。網格内の住民の精神的健康を把握し、顕著な葛藤、行動障害、妄想的人格を持つ人々に資源を調整しながら支援とフォローアップを提供する。

日本における地域福祉の担い手の機能					
メゾレベル	②フォーマルサービスとインフォーマルケアを有機化させて提供	③連携と協働	地域における複数の機関の連携と協働による課題解決アプローチの重視。チームアプローチ及びネットワークによる対応。地域におけるケースカンファレンスの重視。	メゾレベル	社会福祉事業者と密接に連携し、その事業または活動を支援する
		④個と地域の一体的支援	個を地域で支える援助と個を支える地域をつくる援助の一体的推進。個への支援と地域力の向上の相乗効果の志向。「一つの事例が地域を変える」という積極的展開。		
	③個別対応型支援ネットワーク会議の開催	⑤予防的支援	地域住民・組織による早期発見機能と予防的プログラムの重視。状況が安定してからの見守り機能による継続的支援の展開。発見から見守りまでの長期的対応。		
マクロレベル	⑥社会福祉協議会独自の新しい財源創出	⑧ソーシャルアクション	個別支援から当事者の声を代弁したソーシャルアクションへの展開。社会資源の開発と制度の見直し。住民の参画と協働による地域福祉計画等の策定。ソーシャルインクルージョンの推進。	マクロレベル	福祉事務所その他の関係行政機関の業務に協力するその他、住民の福祉の増進を図るための活動を行うこと

出典：大橋（2019: 31）、岩間（2012: 19）、熊田（2015: 60）、民生委員法、「城郷社区網格化服務管理規範」（2017）を参考に筆者作成。

中国における地域福祉の担い手の機能		
メゾレベル	地域活性化の促進	積極的に各機関と連携し、網格化内の活動を促進する。
マクロレベル（管理）	行政業務に協力する	①国の政策や法律、村の規則、さらに安全・安心に関する知識を広め、住民が地域での安全の創造に積極的に参加できるよう組織・動員し、文明的な社会習慣を提唱する。②統合管理情報システムのデータの分析を通じて、地域のトラブルの特徴と傾向、社会保障状況を分析・把握し、党委員会と政府の意思決定のために、参考資料作成する。③党委員会、政府または上位の網格化支援センターから割り当てられた事項を実施する
	公的な社会秩序の維持、地域の防災、地域の安全を確保する	①関連機能部門と協力し、社会保障、生産安全、交通安全、鉄道運行安全、環境安全、消防安全、食品・薬品安全、及び網格化内のマルチ商法、違法資金調達、労働関係紛争、カルト活動などの隠れた危険性を調査し、網格化内の移動人口・特殊民族管理、ポルノ・違法対策、少年非行防止、反テロに関する政策・法律の実施を検査し、必要に応じて関係者に問題の改善を促すと共に関連情報を情報プラットフォームに速やかに入力する。②定期的なアウトリーチを通じて、網格化内のあらゆるトラブルを確認して、一度に解決・処理し、関連する調停機関や機能部門と積極的に連携して調停を行い、必要に応じて関連情報を情報プラットフォームに速やかに入力する。

社協議会独自の新しい財源創出や社会資源の開発と制度の見直し機能を果たしている。民生委員制度には、行政機関の業務に関する民生委員の協力機能が簡潔にまとめられている。それに対して、網格長の「マクロ」レベルの管理機能は①住民に国の政策や法律など村の規則、安全・安心に関する知識の宣伝など行い、②地域の危険性など特徴を分析し、党・政府のために参考資料作成することなどを行うことであり、詳細に記載されている。このように、網格長は公的な社会秩序の維持、地域の防災、地域の安全確保といった地域の秩序を維持する機能に重点が置かれていることがみられた。

　以上の検討を踏まえると、網格長の機能の特徴は、行政業務への協力、情報収集、社会秩序の維持と生活環境の安全を重視する一方で、住民への支援機能が少なく、代行や資源調整だけに集中していることが分かる。したがって、社区網格化管理の仕組みは行政機関の業務の補助、党建設への補助、地域管理の業務の割合が多く、住民への支援の提供についての内容の記載が少ないという特徴がみられた。また社区における網格化管理制度の実践者であり地域の最前線に立つ網格長の業務は、住民への支援の提供よりも、地域環境の管理が中心であるため、業務を行う中、管理と支援の二重役割を持っていることが明らかになった。

　中国のコミュニティ政策の歴史的経緯・発展については、第1章にまとめられている。第1章では、中国における地域コミュニティの発展が従来型管理から社会治理への変化を遂げたこと、そして現在まで、支援の比重が高まったにもかかわらず、草の根地域にはまだ従来型管理の色合いが残っていることが示されている。第2章では、コミュニティ政策を通して、社区網格化管理の仕組みと網格長の機能をさらに検討した。また、日本と中国の地域福祉の担い手の機能の比較を通じて、社区網格化管理の仕組みと網格長の機能の捉え方を把握した。コミュニティソーシャルワークと民生委員は隙間ニーズへの対応までも書かれているが、網格長の機能は管理に集中し、個別支援に関する具体的な内容にはあまり言及されていないことが分かった。また、先行文献の整理によって、網格長の機能が不明確で、業務範囲が広い課題が明確になった。第1章と

第2章から得られた知見をもとに、次章では、網格長の業務の実態を明らかにするために、継続的比較の分析方法を用いて、網格長の実践を分析する。

5　小　括

　先行研究で指摘されているように、網格長には行政の代理人としての管理機能がある一方で、住民への支援機能も強く求められている。網格長は、地域と住民の情報を一元的に管理しながら、住民の日常的な困りごとを解決する役割を果たしており、地域社会における重要な存在として位置づけられている。このような背景から、網格長の役割は行政的な管理と住民支援という二重の機能を担うものとして認識されている。

　本研究の分析結果においても、網格長が住民の一般的なニーズに対応していることが確認されたが、それだけでなく、社会資源の不足による「隙間ニーズ」にも対応していることが明らかになった。隙間ニーズとは、公的サービスが提供されない領域や支援の手が届かない状況において発生するニーズであり、これに対応することで、住民と網格長の間に信頼関係が生まれ、協力し合う関係が構築されている。この点は、これまでの先行研究では十分に触れられておらず、本研究によって新たに発見された重要な知見であると考えられる。

　また、網格長が住民との信頼関係を築くことで、地域社会全体の結束力が高まり、より効果的な問題解決が可能になると考えられる。これは、単なる行政の一環としての管理業務を超え、コミュニティの一員として住民と共に歩む存在であることを示している。

　一方、日本においては、近年、生活に困難を抱える住民の声が行政や民間のサービス事業者に届かないケースが増加しており、住民自身が支援の必要性を認識できないことも多く指摘されている。このような状況に対して、地域住民が主体となり、個々の生活課題や地域生活課題を発見し、住民同士で解決を図る「地域共生社会」の形成が推進されている（厚生労働省 2019）。この「地域共生社会」の取り組みは、フォーマルな支援とインフォーマルな支援を連携さ

せることで、孤立化し複雑化する生活ニーズに対応するための重要な手段となっている。

　さらに、日本においては、社会的孤立や家庭内暴力、不登校、複合的な問題を抱えた家庭、生活問題を抱える外国人住民など、従来の支援制度では対応しきれない課題が増加している。これに対応するため、従来の民生委員・児童委員に加えてコミュニティソーシャルワーカーが配置され、アウトリーチ活動を通じてこれらの課題を発見し、地域のつながりを強化する役割を果たすようになっている（中島 2015: 27）。これにより、住民の生活環境が改善されるとともに、地域社会全体の福祉が向上することが期待されている。

　これらの日本における取り組みは、社区網格化管理制度における網格長の役割と多くの点で類似しており、特に目に見えにくいニーズの把握と対応という点で共通している。中国と日本の両国において、行政が地域社会のニーズに対応するためには、住民との密接な関係を築き、地域の課題を総合的に解決するための仕組みが必要であることが示唆される。

まとめと展望

中国都市部の社区小地域における住民に密着した支援体制の方向性

本研究では、管理と支援の二重役割がある網格長の活動の実態を実践の視点から論じてきた。本章では、研究の概観を行い、本論の研究目的に沿って、制度政策の立場と実践の立場から見た管理／支援の違い、網格長と住民の関係形成の重要性、管理業務から支援業務への移行に影響を及ぼす要因について論じる。最後に、本論の研究限界と課題をまとめる。

1 中国社区地域における管理と支援の理解

制度政策の立場から求める管理／支援の意味と、実践現場における網格長が考える管理／支援の意味が異なる。

1-1 制度政策の立場

本論の第1章のコミュニティ政策の歴史的経緯の検討で示したように、「管理」は中華人民共和国建立から今日に至るまで、頻繁に登場する言葉であるが、中国の社会構造、社会政策、社会問題の変化とともに、「管理」の意味も変わってきた。

「管理」の意味合いの変化は、「統制」「統制から治理」「治理」の3段階に分けられる。

第一段階は従来型管理の段階（1949年～1999年）、第二段階は従来型管理から社会治理の段階（2000年～2012年）、第三段階は社会治理段階（2013年～）である。第一段階では、中華人民共和国が建立され、社会構造の再構築が必要となったため、この段階での社会管理は、伝統的な政治的色彩を持つ社会統制であった。第二段階は、中国が改革開放時代に入ったことで、経済システムの改革に伴い、従来の政府による一元的主導型から、多元的地域主体型に移すという段階になった。この段階における管理の意味は、政府の主導による地域社会の再構築である。第三段階は、社会治理の段階である。政府の一元的主導型を打破し、ICT情報プラットフォームを通し、複数の支援主体が連携することで、地域住民に良好な生活環境を提供し、多様な課題を解決でき、サービスを

住民の身近なところに行き届けられるようになった。

　社会治理の概念では、「管理」という言葉も引き続き使われたが、内容はより社会支援に向けられている。社会治理は、コントロールや支配に基づくものではなく、さまざまな支援主体の調整による地域づくりに基づくものである。社会治理における「管理」の意味は、法律や法規に基づく住民の生活環境の整備、住民のニーズの満足である。

　社区網格化管理の仕組みの展開により、草の根の地域において、「大雑把な管理方式」から「細かく支援する方式」へと変化してきた。しかし、第6章の日中における地域福祉の担い手の機能の比較の検討から、社区網格化管理の仕組みに関する国の規制の内容を見ると、行政機関の業務の補助、党建設への補助、地域管理の業務の割合が多く、住民への支援の提供についての内容の記載が少ないという特徴がみられた。社区網格化管理の仕組みの実施においては、住民への支援機能の重要性が高くなったものの、地域の安定のための管理が現在でも政府が追求する目的の一つであることに変わりはない。また社区における網格化管理制度の実践者であり地域の最前線に立つ網格長の業務では、住民への支援の提供よりも、地域環境の管理が中心であるため、業務を行う中、管理と支援の二重役割を持っていることが明らかになった。

1-2　網格長による実践の立場からみた管理と支援

　制度政策の立場から求める管理／支援の意味と、実践現場において、網格長が考える管理／支援の意味が異なることが明らかになった。長春市の実践においては、網格長は管理と支援の業務を区別していない。むしろ、すべての業務の目的は、住民の問題を解決し、住民を支援するために働くと考えている。すなわち、定性的調査と量的調査の結果に示したように、網格長の実践においては、管理と支援の概念は明確に区別されていないことがみられた。

　実践において管理の概念と類似する内容は「情報収集」、「情報伝達」、「地域の安定の守り」である。網格長は常に住民の問題を解決し、長い時間をかけて住民と関わることで、住民と親密な信頼関係を形成していく。住民との信頼関

係をベースに、地域の安定、住民の問題解決、住民のまちづくりへの参加という良いサイクルが草の根レベルで形成されている。

　しかし、実践においては、管理と支援業務が分かれているわけではなく、網格長と住民の間に信頼関係が形成されることで、政府が求める地域の安定、住民の問題解決、住民の地域づくりへの積極参加という目的が達成されると考えられる。このような二重役割を持っている網格長の実践現場における管理／支援の特徴は、管理の業務が支援の入り口であり、住民と顔見知りになり、支援を展開することができる。

　網格長は住民の一般的なニーズを解決するという役割を果たすために、アウトリーチを行いながら情報を収集し、それを情報プラットフォームに登録しながら支援を行う。そして、常にアンテナを張ることによって、地域環境の管理や住民の一般的な問題を解決する。この一般のニーズへの対応は実践における「管理的業務」であると考えられるが、以前の「統制」的な管理業務であるとは言えない。

　第4章の調査結果で示したように、網格長に求められる管理業務の内容は主に情報を伝達する業務に集中される。このような管理業務を行うことで、地域に出向く活動が他の業務につながる入り口となっていると考えられる。住民との関わりが長くなり、住民の情報をよく知るようになると、管理業務だけではなく、支援すべき問題がどんどん出てきた。このように、管理業務を行いながら、住民との間に形成された信頼関係を基盤として、網格長は、住民の日常的な問題を解決するほか、個人的支援を提供することなど幅広い支援を提供するようになった。すなわち、住民が網格長と「顔見知り」の関係になることで住民との協働関係が促進される。

　このような、網格長による住民への隙間ニーズに対する支援は、社会的にいえば制度では漏れてしまう部分への補足であると言える。むしろ、すべての業務の目的は、住民の問題を解決し、住民を支援するために働くことである。さらに、網格長は権威を用いるのではなく、人と人との関係性を大切にして、住民の困りごとを解消する過程において、一方的支援ではなく、住民と「友」の

ような信頼関係を構築しながら、アウトリーチを起点とする継続的な支援を行っている。

2　網格長と住民の関係形成の重要性

2-1　地域活性化の促進

　地域のつながりが脆弱化し、社会的排除や摩擦に関する課題や社会的孤立と孤独に関する課題が地域の中で見えにくく、潜在化しやすい現代社会において、自然的な地域自治のネットワークを形成することが難しくなってきた。これに対して、網格長の支援業務は管理業務以上に住民との協働関係を築くことができるため、管理業務から支援業務まで行うと、網格長が一方的に住民に対して働きかけるだけでなく、住民が網格長の業務に協力するようになる。

　これらの支援行動を繰り返し、住民との関係が深まるにつれて、網格長は住民を制度によって支援する関係だけでなく、住民が網格長に協力する関係が形成され、それは社区全体の支援ネットワークにつながっていく。その結果として、多くの住民と網格長の信頼関係が形成され、住民から積極的に情報を提供してもらい、住民の協力を得ることによって地域問題を解決することになる。

　網格長と住民との間に、信頼関係が構築されると、網格長が地域のキーパーソンになり、住民は網格長の仕事に協力するようになり、近隣の見守り、住民相互の問題解決、社区活動への参加、ボランティア活動に参加したりするようになる。このように、網格長は地域の自治の形成を助ける役割も果たしている。そのような質の良い支援を提供するために、網格長は管理業務に留まらず、信頼関係の構築を経て、具体的な課題解決に向けた支援を提供することによって、最終的に住民に支えられ、住民同士の互助や地域活動参加など地域の活性化を促進するようになる。

2-2　他の支援主体が介入する基盤

　しかし、前述の一般的なニーズへの対応から隙間ニーズへの移行は一朝一夕

でできるものではない。積極的に動き、一般的なニーズと隙間のニーズへの対応をともに展開することも容易ではない。網格長は住民の困りごとを解決できない場合もある。支援が住民の望んでいない結果になったとき、住民に誤解されたり、拒否されたり、侮辱されることもあった。それに対して、網格長は住民の気持ちを理解することで、受容をしながら、信頼関係の回復を目指して忍耐強く住民を支援することもあった。

やがて網格長は時間をかけて顔の見える関係が構築できた後に、住民を巻き込んで見守りや互助のネットワークなどの構築に取り掛かる。網格長と住民の信頼関係が、他の支援主体者の介入の基盤になる。なぜなら、網格長が間に入ることによって、住民は他の支援主体の支援を拒否する可能性が低く、他の支援主体が住民と信頼関係を築くのに必要な時間を短縮でき、住民に必要な支援をより効率的に提供することができるからである。

2-3 網格長の業務のモチベーションの内的動機

住民との関係形成は網格長の業務の内的動機であった。量的調査結果で示したように、勤続年数が長くなると、網格長の仕事は自然と管理から支援業務に変わっていくことが分かった。網格長の仕事の負担は、業務の不明確さ、業務外の時間でも対応すること、給料が低いことにある。これらは、網格長の負担を大きくする要因であると考えられる。

どのような状況下でも、住民と関わる過程を繰り返し、長年の経験を積み重ねることによって、対処方法を身につけ、地域の住民に支えられることによって達成感に満足する。網格長が自分の仕事に対してやりがいを感じるのは、住民と業務的関係だけでなく、住民との間に信頼関係があるからである。それは、仕事をする内的動機であり、さらに住民への支援に全力が注ぎ続けられる。

2-4 情報技術普及と信頼関係

情報技術が大衆化されるとともに、住民との信頼関係がより重要になる。

　社区網格化管理の仕組みの特徴は、情報技術を取り入れたことである。この
システムは、住民の情報やニーズ、困りごとを迅速に把握し、住民のための速
やかな問題解決を促進するという意味で、社区治理における重要な手段であ
る。しかし、技術情報化の進展は、同時に「デジタルディバイド」という問題
も引き起こしている。

　情報プラットフォームの活用により、住民との連絡はアプリが用いられる。
そのため、高齢者など情報機器の利用が難しい住民や、支援を拒否する住民が
社会から切り離されるようになった。このような人々は、地域社会との情報交
換のルートが狭くなり、地域の支援を利用する機会が限られてしまう。その結
果、一部の人々のニーズが潜在化し、発見が難しくなってきた。このような状
況の中、網格長のアウトリーチを起点とする継続的な支援によって、社区の孤
立している人を早期に発見し、信頼関係を構築しながら、支援を展開してい
た。

　また住民により良いサービスを提供するために、網格長は社会工作者[1]など
の専門職と協働する必要がある。非専門職である網格長は簡単な問題解決や、
住民の見守りを行い、専門的な知識や技術が必要な個別支援は専業社会工作者
などの専門職に委ねる必要がある。

3　専門職と非専門職の連携

　以上のような継続的な支援の展開は網格長の負担を増すことになるため、他
主体や専門職との連携が困難になり、網格長の業務の質に影響を与える。

　質問紙調査の結果に示したように、担当世帯数が多すぎると、情報収集、伝
達のような管理的業務にとどまり、支援業務まで至らないことになり、また、
サービスの質にも影響を与える。よって、網格長に対しては管理／支援を提供
する質を確保するために、過剰な数の世帯を担当させないようにする必要があ

1　社会工作者：資格なし、兼任または専任でソーシャルワーカーの仕事を行う者。

る。また、網格長の仕事が長くなればなるほど、継続的な支援を含め、幅広い仕事を行うために負担が大きくなる。さらに、網格長の給料が厳しく管理されることも、網格長のモチベーションに影響し、網格長に負担をかけるだけでなく、管理／支援の質にも影響する。

　住民により良いサービスを提供するためには、網格長は専業社会工作者などの専門職による支援に協力する必要があると考えられる。

　援助過程では、網格長は管理／支援の業務及び短期的に個別支援が必要な住民だけを見守り、継続的な個別支援は専業社会工作者などの専門職に移行する必要がある。

　網格長は住民との信頼関係や、住民の情報を有しているというメリットを活かして、専門職の援助に協力する。それに対して、専門職は網格長と住民の関係を基盤として、住民に専門的援助を提供する。網格長と協働することによって、専門職は住民に対する初期の情報調査にかかる時間や信頼関係を築く時間も短縮することができる。網格長が専門職と協働することで、住民への支援の質を高めるだけでなく、網格長や専門職の負担を軽減することができる。

　本書では、以上のように社区網格化管理の仕組みの実践と網格長のアウトリーチを起点とする継続的な支援を「管理」と「支援」という観点から分析してきた。中国の地域福祉の仕組みの中で重要な役割を果たすようになった網格長は、本研究の結果から、情報の提供とともに、住民との関わりを通して信頼関係を形成し、住民の個別のニーズに対応するとともに、住民自身による問題解決を促進しようとする「支援者」の役割を果たしていることが明らかになった。さらに、網格長は継続的な支援によって構築された住民との信頼関係に基づいて、住民らが直面する隙間ニーズへの対応と社会的なつながりが弱い住民への支援に貢献していた。

　これらの結果は、制度的には「管理」の役割を担うとされ、先行研究では行政の補助業務の実施者であることが示されてきた網格長像とは異なるものである。こうした網格長の新たな側面を明らかにしたことは本研究の意義であり、日本で近年注目される地域共生社会形成におけるコミュニティソーシャルワー

カーや民生委員の役割に関する比較研究にも役立つと考える。

4　限界と今後の課題

研究の限界と今後の課題は以下の3点である。

第一に、本論の調査結果は長春市B区における社区網格化管理の仕組みの実施と網格長による住民へのアウトリーチを起点とする継続的な支援の実践実態を明らかにしたが、中国国内の地域に差があるため、今後、研究結果を一般化するために中国の多く都市部地域で実証研究を行うことが必要である。

第二に、本論文では網格長の活動実態の分析結果に示されるように、網格長による住民への支援の質が、地域資源の状況や給料などに影響される。網格長の業務の範囲は広く、住民との関係も深く、地域社会で重要な機能を担っている一方、網格長は万能ではなく、質のよい支援を提供できない状況もある。したがって、今後どのように網格のチームを構築していくかは、重要な研究課題である。

第三に、本論では網格長からみた支援に焦点を当てており、住民側からみた支援についての検討は行っていない。また、住民の主体者側から網格長の活動に対する評価あるいは満足度の先行研究は極めて少ない。今後、網格長の活動の中心と捉えられていた支援に対して本人・家族、網格長の双方向からの評価が求められる。

最後に、網格長が多様な支援主体、特に専門職と連携して住民に支援を提供することで、支援の質を確保できるだけでなく、網格長の業務負担を軽減することができると考えられる。そのため今後、網格長と他の住民支援の主体者、特に専門職との連携に関する研究を蓄積する必要がある。

おわりに

　経済発展と社会変革が進む中で、中国は少子高齢化の進行や地域間格差の拡大といった将来的な課題に直面しつつある。これらの傾向は、住民ニーズの多様化を促し、従来の行政管理モデルでは十分に対応しきれない新たな状況を生み出している。このような背景の中で、小地域を基盤とした支援の重要性がますます高まっている。地域に密着した支援の在り方を考えることは、住民一人ひとりの生活を支えると同時に、地域全体のつながりを再構築する契機となると考えられる。

　本研究では、社区網格化管理の仕組みと網格長の活動に焦点を当て、中国における地域支援の現状とその特徴を明らかにすることを目的としたものである。中国は広大な国土を有しており、地域ごとに制度の名称や形態には違いが見られるものの、「社区網格化管理」や「小社区制度」など、どの呼称においても小地域単位で住民のニーズを把握し、直接的な支援や管理を提供するという基本的な理念は共通している。本書では、その中核的な部分を浮き彫りにし、分析を行ったものである。

　さらに、近年ではICT技術を活用した取り組みが進みつつあり、デジタル技術を用いた住民の生活状況の把握や支援活動の効率化といった新しい動きが見られる。この分野は、今後さらに研究が進むべき課題であり、本研究はその探究への一つの基盤として位置づけられるものである。

　とはいえ、本研究にはいくつかの限界があり、より広範な調査や多角的な分析が今後の課題として残されている。本研究では主に中国東北都市部の事例を取り上げたが、今後はほかの都市部や他の国際的な事例との比較を含め、調査対象を拡大し、より深く包括的な分析を行う必要があると考えている。また、コミュニティ支援の実践における具体的な成果や課題をさらに明らかにするためには、多様な視点や方法論を取り入れることが求められる。これらを通じ

て、地域社会における支援モデルの可能性を一層探究していきたいと考える。

　最後に、本書の執筆と出版に際し、多くの方々の支援を受けたことに深く感謝する。研究を指導してくださった先生方、調査に協力していただいた皆様、そして本書の出版に携わっていただいた明石書店の編集者の皆様に、心よりお礼を申し上げる。また、研究の過程で支えてくれた友人や家族に、この場を借りて改めて感謝の意を表する。

　本書の内容が、中国社区や地域福祉に関心を持つ方々、特に日本でこれらを研究する方々にとって、少しでも参考となれば望外の喜びである。

　なお、本書の刊行にあたり、2024年度井上円了記念研究助成（刊行助成）を受けた。この助成を通じて本書を出版する機会をいただけたことに、心より感謝するものである。

引用文献

中国語の引用文献

柴　彦威・郭　文伯（2014）「中国城市区管理与服務的智慧化路径」『地理科学進展』34（4）,466-472.

陳　輝（1999）「文革期の居民委員会」『社会』10, 33-34.

陳　建民（2008）「新中国で最初の隣組はこうして見つかった」『杭州日報』3.

陳　栄卓（2015）『城市社区網格化管理区域実践研究』中国社会科学出版社.

池　忠仁・王　浣塵・陳　雲（2008）「上海市網格化管理模式探討」『科学進歩与対策』3, 40-43.

第7期全国人民代表大会常務委員会（1989）『中華人民共和国都市住民委員会組織法』

段　継業（2020）『網格化社会治理概論』南京大学出版社.

範　晨光（2014）『創新社会管理的運行模式研究──以長春市南関区為例』吉林大学.

福建省市場監督管理局（2017）『城郷社区網格員工作規範』

高　恩新（2011）「基於整合与人員下沈的城市管理創新研究」『中共浙江省党校学報』（6）, 92-97.

高　民政・郭　聖莉（2003）「住民自治と都市統治──建国初期における都市住民委員会の創設」『政治学研究』1, 96-103.

侯　日曇・譚　賢楚（2015）「社区網格員的職業特点及発展策略──基于湖北省Y市20位社区網格員的訪談」『公共管理』916,50-5.

華　偉（2000）「単位制から共同体制への回帰──中国都市草の根経営システムの50年の変化」『戦略と経営』1,1-14.

井　西暁（2013）「挑戦与変革──従網格化管理到網格化治理」『理論探索』（1）,102-105.

雷　衛華・林　良沛（2017）『服務型治理』中国社会科学出版社.

李　奎（2018）「網格化社会治理系統」『網格空間安全』9（5）, 32-36.

李　婷芳（2018）「網格化治理在社区框架下運行模式研究──基于Y市R社区的調研」『中国管理信息化』121（22）,168-69.

劉　春栄（2018）『社区治理与中国政治的辺際革新』上海人民出版社.

李　学斌（2016）『現代社区建設専題研究』中国社会出版社.

李　焱（2011）「中国社区信息化及系統結構的框架研究」『電子政務』5,91-95.

李　艶（2007）「如何認識和推進社区信息化——面向社区服務和管 理開展社区信息化的経験総結」『中国信息界』29-32.

明　亮・王　健・胡　燕（2021）『中国基層社会治理研究』社会科学文献出版社.

秦　珮寧（2014）「社会服務管理模式探求——以長春市南関区網格化建設為例」『公司与企業』3,246.

秦　玉紅・徐　坤（2017）「北京市社区網格化管理問題研究」『経済管理』3,25-9.

冉　昊（2019）「基層社会治理視角下的網格化治理——創新、挑戦与対策」『治理現代化研究』265（1）,74-9.

沈　潔（2017）「社会政策中的『生活』視角——基与日本経験的分析」『中国社会工作研究』174-189.

孫　健軍・王　凛雲・丁　友良（2010）「『管理』到『服務』基層社会管理模式転型——基於舟山市網格化管理の実践分析」『中共浙江省党校学報』（01）, 115-118.

孫　涛・韓　清穎（2019）「我国城市社区『網格化管理』建設　国家治理現代化在基層的創新——以広州市越秀区為例」『華東経済管理』33（5）,5-11.

王　大鵬（2020）『推進市社会治理現代化』紅旗出版社.

王　徳福（2023）『中国式社区』中国人民大学出版社.

王　健鋒（2016）『国家与社会関係研究導論——以中国城市社区居民委員会為例』中国民主法制出版社.

王　思斌（2015）「社区治理体制改革的基本問題与実践」『社会体制改革専欄』5,41-3.

呉　暁林（2020）『理解中国社区治理——国家、社会与家庭的関連』中国社会科学.

夏　建中（2003）「中国公民社会的先声」『文哲史』3, 115-121.

許　愛花（2020）『網格員社区社会工作知識基礎』南京大学出版社.

徐　勇（2002）「中国における都市コミュニティ自治と農村村民自治の比較」『研究と探求』4,32-37.

楊　宜永（2007）「失業的産生・演変・発展」『経済与管理研究』8,17-22.

葉　嵐（2019）『大城市網格化管理研究』人民出版社.

兪　可平（2020）『治理と善治』社会科学文献出版社.

曽　媛媛・施　雪華（2013）「北京市網格化社会管理的経験・問題・対策」『新視野』（3）, 93-97.

張　永理（2014）『社区治理』北京大学出版社.

趙　勤・周　良才（2015）『社区管理』中国労働社会保障出版社.

趙　語慧（2013）「網格化管理与政府職能定位」『人民論壇』（2）,66-67.

鄭　士源・徐　輝・王　浣塵（2005）「網格及網格化管理総述」『系統工程』3,1-7.

中国共産党第14回代表大会（1992）『加速改革開放和現代化建設歩伐、中国特色社会主義事業的更大勝利』

中国統計局（2000）『中国統計摘要』中国統計出版社.

中華人民共和国国家質量監督検験検疫総局・中国国家標準化管理委員会（2017）『城郷社区網格化服務管理規範』

朱　仁顕・鄔　文英（2014）「従網格管理到合作共治——転型期我国社区治理模式路径演進分析」『厦門大学学報』211（1），103-9.

鄒　毫・蔣　国璋・趙　爽・ほか（2016）「社区服務信息体系建設」『新教文彙』349,183-185.

日本語と英語の引用文献

飯島　渉（2020）「感染症対策における『中国方式』の行方——COVID-19のパンデミックとロックダウン」『中国研究月報』74（12），1-10.

稲沢　公一（2017）『援助関係論入門「人と人との」関係性』有斐閣.

岩間　伸之（2011）「地域を基盤としたソーシャルワークの特質と機能」『ソーシャルワーク研究』37（1），4-19.

岩間　伸之・原田　正樹（2012）『地域福祉援助をつかむ』有斐閣.

大橋　謙策（2022）『地域福祉とは何か——哲学・理念・システムとコミュニティソーシャルワーク』中央法規.

大橋　謙策・宮城　孝（1998）『社会福祉構造改革と地域福祉の実践』東洋堂企画.

大橋　謙策（2015）「コミュニティソーシャルワークの概念機能」『コミュニティソーシャルワークの理論と実践』中央法規.

加山　弾（2021）「地域共生社会へ向けた政策展開とアウトリーチの必要性——コミュニティソーシャルワークを中心に」『ソーシャルワーク研究』46（4），5-14.

萱間　真美（2007）『質的研究実践ノート——研究プロセスを進めるclueとポイント』医学書院.

川島　ゆり子（2011）『地域を基盤としたソーシャルワークの展開——コミュニティケアネットワーク構築の実践』ミネルヴァ書房.

川村　匡由（2021）『入門地域福祉と包括的支援体制』ミネルヴァ書房.

熊田　博喜（2015）「「『制度の狭間』を支援するシステムとコミュニティソーシャルワーカーの機能——西東京市における実践の分析を通して」『ソーシャルワーク研究』41（1），58-67.

月刊福祉編集部（2003）『「社会的な援護を要する人々に対する社会福祉のあり方に関する検討会」報告書』,117-122.

経済企画庁国民生活課（1969）「コミュニティ　生活の場における人間性の回復――国民生活審議会調査部会コミュニティ問題小委員会報告」

国民生活審議会報告（1969）「コミュニティ――生活の場における人間性の回復」

厚生労働省（2019）「地域共生社会に向けた包括的支援と多様な参加・協働の推進に関する検討会」（地域共生社会推進検討会）

佐藤　郁哉（2008）『質的データ分析法』新曜社.

邵　文娟（2011）「中国都市部者区における高齢者福祉サービスの行方：大連市社区高齢者福祉サービスの事例を中心として」大阪市立大学博論.

沈　潔（2014）『中国の社会福祉改革は何を目指そうとしているのか』ミネルヴァ書房.

全国社会福祉協議会（2008）『地域における「新たな支え合い」を求めて――住民と行政の協働による新しい福祉』43-44.

全国社会福祉協議会（2017）「特集民生委員制度創設100周年」『月刊福祉』(5),11-45.

田中　英樹（2009）「アウトリーチ――その理論と実践例」『コミュニティソーシャルワーク』3,32-41.

単　聯成（2005）「コミュニティ政策と住民自治」『コミュニティ政策』3,185-204.

単　聯成（2005）「コミュニティ政策と住民自治――地域住民組織をめぐる日中制度比較」『コミュニティ政策』3, 185-204.

特定非営利活動法人ホームレス支援全国ネットワーク（2020）「伴走型支援って何?-地域共生社会におけるキーワード『伴走型支援』について」『伴走型支援普及に関するパンフレット』

牧里 毎治・川島 ゆり子・加山 弾（2017）『地域再生と地域福祉――機能と構造のクロスオーバーを求めて』相川書房.

松永　俊文・野上　文夫・渡辺　武男（2002）『現代コミュニティワーク論――21世紀、地域福祉をもとに創る』中央法規.

南　裕子（2021）「コミュニティ政策の日中比較――統治構造の転換と住民自治をめぐって」『人文・自然研究』15,111-125.

宮城　孝・菱沼　幹男・大橋　謙策（2019）『コミュニティソーシャルワークの新たな展開――理論と先進事例』中央法規.

メアリー・E・リッチモンド＝著／門永朋子、鵜浦直子、高地優里＝訳（2017）『貧しい人々への友愛訪問』中央法規.

中島　修・菱沼　幹男（2015）『コミュニティソーシャルワークの理論と実践』中央法規.

中島　修（2019）「民生委員制度100周年にみる民生委員の意義と役割」『文京学院大学人間学部研究紀要』20,153-165.

根本 博司（2000）「援助困難ケースと向き合うソーシャルワーカーの課題」『社会福祉士』7,129-139.

李　暁東（2014）「『『つながり』の形成と『政治』の役割──コミュニティ建設に見る『社区居民委員会』の取り組み」『中国21』40,171-194.

劉　鵬瑶（2019）「中国都市部における『社区網格化管理情報プラットフォーム』の現状と課題──居民への支援と管理の実態」『福祉社会開発研究』11,35-42.

福富　昌城（2011）「ソーシャルワークにおけるアウトリーチの展開」『ソーシャルワーク研究』37（1）,34-39.

渡部　律子（2012）「アウトリーチ実践ができるソーシャルワーカー養成に影響を与える要因」『社会福祉研究』115,30-39.

Glaser, B.G.（1965）THE CONSTANT COMPARATIVE METHOD OF QUALITATIVE ANALYSIS, Social Problems,12（4）,436-445.

参考文献

中国語の参考文献

鄧　琳碧・王　婧媛・陳　才（2020）「後疫情時代加速知智社区建設，打造未来社区共同体」『行業研究』44-47.

国家衛生健康委員会（2020）「新型冠状病毒肺炎診療法案（試行第六版）」

劉　春呈（2020a）「突発公共衛生事件防控背景下的社区網格化管理研究」『江南大学学報』19（2），5-13.

劉　春呈（2020b）「疫情社区防控中対網格化管理的再審視」『理論月刊』69（11），69-79.

王　淼（2021）「『大数据＋網格化』模式中的公共数据治理問題研究——以突発公共衛生事件防控為視角」『電子政務』217（1），101-109.

王　思斌（1999）『社会工作概論』高等教育出版社.

王　思斌（2017）『中国社会工作研究』社会科学文献出版社.

呉　結兵（2020）「『大数据＋網格化』——路径，挑戦与建議」『国家治理』（1），25-28.

張　永忠・曹　春霞（2020）『社区網格員突発公共衛生事件適宜技術』化学工業出版社.

趙　語慧（2013）「網格化管理与政府職能定位」『人民論壇』（2），66-67.

祝　婷婷・劉　強・徐　晶玉（2020）「後疫情時代智恵袋城市網格化治理与実践」『信息通信技術与政策』11,23-28.

日本語の参考文献

太田　貞司・森本　佳樹（2011）『地域包括ケアシステム』光生館.

川村　匡由（2007）『地域福祉とソーシャルガバナンス——新しい地域福祉計画論』中央法規.

小林　雅彦・原田　正樹（2006）『民生委員のための地域福祉活動Q＆A』中央法規.

URL

北京市（2005）「関於推進東城区城市管理経験──建立情報化城市管理的意見」『社区網格化仕組みに関する規定』

(http://www.gov.cn/gzdt/2009-11/29/content_1475730.htm,2022.4.20閲覧)

国務院（1994）「都市住宅制度改革の深化に関する決定」（43号）

(http://www.gov.cn/zhuanti/2015-06/13/content_2878960.htm,2022.4.20閲覧)

国務院（1998）「進一歩都市住宅制度改革の深化に関する決定」（23号）

(https://www.hangzhou.gov.cn/art/2019/7/8/art_1660298_4712.html,2022.4.20閲覧)

国家統計局「城市化率」

(http://www.stats.gov.cn/,2022.4.20閲覧)

民政部（2000）「民政部関与全国推進城市建設的意見」

(https://www.nmg.gov.cn/zwgk/zfgb/2001n_5184/200101/200101/t20010101_267961.html,2022.4.20閲覧)

全国人民代表大会常務委員会（1954）『城市居民委員会組織条例』

(http://www.mca.gov.cn/article/gk/fg/jczqhsqjs/201911/20191100021349.shtml,2022.4.20閲覧)

中国共産党第16回党大会（2002）

(https://www.12371.cn/special/lcddh/ddh16/,2022.4.20閲覧)

中国共産党第18回党大会（2012）

(http://www.chinatoday.com.cn/ctchinese/zhuanti/201606/15/content_722447.htm,2022.4.20閲覧)

中国共産党第16期中央委員第4回全体会議（2004）

(https://china.huanqiu.com/article/9CaKrnJFFRt,2022.4.20閲覧)

中国共産党の第17回代表大会（2007）

(https://fuwu.12371.cn/2012/06/05/ARTI1338865983725225.shtml,2022.4.20閲覧)

中国共産党第18期中央委員第3回全体会議（2013）「中共中央関与全面深化改革若干重大問題的決定」

(http://www.12371.cn/special/sbjszqh/,2022.4.20閲覧)

付　録

1　社区発展の時系列及び政策分析

・1989 年「中華人民共和国城市居民委員会組織法」

概要：

本法は、居民委員会が居民の自己管理、自己サービス、自己教育の基層群衆性自治組織であることを法的に位置づけた法律である。法は、居民委員会の職務、組織構造及び選挙制度を明確にし、居民が社区の事務に関与する権利を付与している。

影響分析：

本法は、国家が社区自治を正式に承認し、支持したことを示すものである。本法により、居民が社区管理に参加するための法的基盤が提供され、基層民主主義の実施が促進された。法律の保障により、居民委員会は基層社会管理において政府の重要なパートナーとなり、社区の自己管理と居民の社会的責任感の強化に寄与している。この枠組みは、後の社区サービス及び管理の制度化のための堅固な基盤を築いたものである。

・1992 年「中国共産党中央委員会及び国務院『第三次産業の発展を加速するための決定』」

概要：

本決定は、社区サービスを産業化及び業界化の方向に発展させ、社区サービスを第三次産業の発展計画に組み込むことを求めている。

影響分析：

本政策は、社区サービスが伝統的な福祉サービスから産業化及び市場化の方向へと発展することを促進した。社区サービスは市場潜在力を持つ産業として認識され、企業や社会の力が社区サービスの提供及び管理に参加することが奨励された。この産業化の変革により、社区サービスの多様化が進み、サービスの質の向上と持続可能性が強化されたのである。

- 1993年「民政部及び国務院の14部委員会が共同で発表した『社区サービス業の発展を加速するための意見』」

  概要：

  社区サービス発展のための最初の政策文書であり、社区サービス業の福祉性、群衆性、サービス性及び地域性の特性を明確にし、それを第三次産業の発展計画に組み込むことを要求し、年間13.6％の産出額成長目標を提示した。

  影響分析：

  社区サービス業の制度化と市場化をさらに推進するものである。社区サービス業を第三次産業の発展計画に組み込むことにより、国家は社区サービスを経済活動の一部として強化し、その市場化運営を奨励した。この政策は、社区サービス業の迅速な発展のための政策支援を提供し、社区管理の革新及び経済的利益の向上にも貢献した。

- 1999年「民政部が開始した『全国社区建設試験区』作業及び『全国社区建設試験区作業実施方案』」

  概要：

  試験区の設立は、都市基層管理体制を改革し、社会主義市場経済体制に適応した社区建設管理体制及び運営メカニズムを育成することを目的としている。

  影響分析：

  社区建設試験区の設立を通じて、国家は新しい基層管理体制を模索し、テストした。この試験は、社区が都市管理の基本単位としての重要性を高め、社区組織が社会サービス、社区の安全、公共事務管理などの社会的職務をより多く担うよう促した。この過程により、社区建設は単一のサービスモデルから包括的な管理モデルへの転換が進められ、全国的な社区建設の推進に向けた基盤が築かれた。

- 2000年「中国共産党中央弁公室及び国務院弁公室『全国で都市社区建設を推進する意見』」

  概要：

  本文書は、社区建設が基層政権建設の重要な内容であることを強調し、社区管理体制の革新を促進し、社区建設の主な目標及び基本原則を明確にしている。

  影響分析：

  社区建設が試験段階から全面的な推進段階に移行したことを示している。社区建設の核心は単なるサービス提供から管理体制の革新へと拡大され、社区が社会治理に

おいて重要な役割を果たすことを強調した。国家は全国的に社区建設を推進し、基層社会管理における社区の役割を強化した。この政策の推進により、社区管理体制の現代化が進み、社区は社会主義市場経済に適応するための転換を遂げた。

・2001年「国民経済及び社会発展第十次五カ年計画綱要」

概要：

綱要は、社区建設を新時期における中国の経済及び社会発展の重要な内容として位置づけ、管理が円滑に行われ、サービスが整い、生活環境が美しく、治安が良好で、生活が便利な新型現代化社区を構築することを強調している。

影響分析：

社区建設を国家の五カ年発展計画に組み込むことで、社区建設が国家発展戦略において重要な地位を占めることが明確にされた。本政策は、社区建設の全面的な実施を促進し、各級政府及び関連部門が社区建設への投資と支援を強化するよう促した。社区建設の推進に伴い、社区の総合管理能力と居民の生活の質は著しく向上し、社区は都市現代化建設の重要な構成要素となった。

・2002年「中国共産党の十六回全国代表大会の報告書」

概要：

江沢民（当時の中国共産党中央委員会総書記）は報告の中で、基層自治組織と民主管理制度を健全化し、居民自治を強化し、管理が円滑に行われ、文明かつ平和な新型社区を構築することを提案した。

影響分析：

この政策は、基層民主主義の重要性を強調し、社区自治組織の発展を促進した。社区は居民自治の基本単位として、管理及びサービスの職務がさらに明確にされ、強化された。民主制度の整備を通じて、社区自治組織は居民の生活及び公共事務において重要な役割を果たし、社区の管理効率と居民の参与感が向上した。

・2004年「中国共産党の十六期四中全会の報告書」

概要：

和諧社会の構築という思想を提唱し、社区の和諧が社会の和諧の基礎であることを強調した。

影響分析：

和諧社会の構築という理念は、社区建設に新たな意味や価値をもたらした。政策

は、社区が社会の和諧において基礎的な役割を果たすことを強調し、社区サービスと管理の全面的な発展を促進した。社区の文化、教育、衛生などの分野を強化することで、社区は社会の和諧を促進する重要なプラットフォームとなり、居民の生活の質と社区の凝集力が著しく向上した。

- ・2005年「胡錦涛が行った中央省部級研修班での講話」

  概要：

  胡錦涛（当時の中国共産党中央委員会総書記）は、社会主義和諧社会は、民主法治、公平正義、誠信友愛、活力に満ち、安定して秩序が保たれ、自然との調和が取れた社会であるべきだと提案した。和諧社区建設は和諧社会建設の重要な構成部分となった。

  影響分析：

  胡錦涛の講話は、全国の和諧社会建設において和諧社区建設が重要な役割を果たすことを明確にした。政策は、社区サービスの多様化発展を促進し、特に公共サービス、社会保障、社区文化などの分野で社区が社会の和諧において基礎的な役割を果たすことを強調した。本政策により、社区のサービス能力が向上し、社区成員間の相互尊重と協力が促進され、社区の社会的凝集力が強化された。

- ・2006年「国務院による社区サービス業の強化及び改善に対する意見」

  概要：

  社区サービスに対して新たな要求を提示し、特に社区公共サービス体系の建設を強調し、社区居民委員会、民間組織及び駐社区単位の職責分担を明確にした。

  影響分析：

  この文書は、社区サービスのさらなる制度化と規範化の発展を示している。政策は、社区公共サービスを政府職能の延長及び具体化として位置づけ、政府が社区サービスにおいて主導的な役割を果たすことを強調した。分類管理と指導を通じて、社区サービスの質とカバー範囲が向上し、社区居民委員会と民間組織の役割も明確化された。この制度化の推進により、社区サービスはより効率的かつ専門的となり、居民の多様なニーズに応えられるようになった。

・2013年「中国共産党第十八期中央委員第三回全体会議『中国共産党中央委員会による全面的な改革深化に関するいくつかの重大な問題に関する決定』」

概要：

全面深化改革の総目標として、中国特色社会主義制度の完備と発展を掲げ、国家治理体系と治理能力の現代化を推進し、社区治理の強化、基層民主の促進、社区治理制度の健全化を強調した。

影響分析：

社区治理が国家治理現代化において重要な役割を果たすことを明確にした。社区治理を強化することにより、国家は政府、社会及び居民の良性な相互作用を実現し、社区が国家治理の基本単位となった。政策は、社区治理の法治化及び制度化を推進し、社区の管理能力と社会的利益を向上させた。本政策の実施により、社区は社会治理において中心的な地位を確立し、全国的な社区治理の理論と実践の基礎が形成された。

・2014年「習近平総書記が行った上海代表団分組審議における講話」

概要：

習近平総書記は、社会治理の重点は城郷社区に置かれるべきであり、網格化管理を深化させ、可能な限り資源、サービス、管理を基層に移行させるべきであると強調した。

影響分析：

社区が社会治理において重要な地位を占めることをさらに明確にした。社会治理の重点を社区に下ろすことで、政策は資源の効果的な配置とサービスの精緻化を促進した。網格化管理モデルの普及により、社区治理はより精細かつ効果的になり、社区の管理レベルと居民の生活の質が向上した。この政策は、社区治理モデルの革新を促進し、社区が現代化された治理要求に適応できるようにした。

・2015年「中国共産党十八期中央委員第五回全体会議」

概要：

共有発展の新理念を提唱し、社会治理の精細化を推進し、全民による共同構築と共有を基盤とした社会治理の枠組みを構築することを強調した。

影響分析：

共有発展理念の提唱は、社区治理に新たな活力を注入した。すべての人々が共同で構築し、成果を共有する治理モデルを強調し、社区が社会治理において参与度と貢

献度を高めることを促進した。精細化管理を通じて、社区治理の効率と質が著しく向上した。すべての人々が共同で構築し、成果を共有する治理モデルは社区の持続可能な発展と社会公平を促進し、社区居民の幸福感と帰属感を高めた。

- 2017年「中共中央及び国務院『城郷社区治理の強化と改善に関する意見』」
  概要：

  本文書は、城郷社区が社会治理の基本単位であることを明確にし、社区治理体系の完備、社区治理能力の向上を総合的に要求した。

  影響分析：

  城郷社区治理の理念を深化させ、社区治理構造の革新と改善を推進した。政策は、社区が社会治理において基礎的な役割を果たすことを明確にし、党組織の建設を強化し、治理体系を健全化することで、社区の治理能力が向上した。この治理モデルの普及は、社区のサービスの質を向上させ、社会の和諧安定を促進し、城郷一体化治理のための実践的道筋を提供した。

- 2017年「中国共産党第十九回全国代表大会報告」
  概要：

  社区治理体系の建設を強化し、社会治理の重点を基層に移行させ、政府治理と社会調節、居民自治の良性な相互作用を実現することを強調した。

  影響分析：

  社区治理が国家治理体系において重要な役割を果たすことを強調し、社会治理の重点を基層に移行させることを推進した。社区治理体系の建設を強化することで、政策は政府、社会及び居民の良性な相互作用を促進し、社区の自治能力と治理レベルが向上した。本政策は、社会治理モデルの転換を促進し、社区が国家治理の重要な基礎単位となり、基層社会治理の現代化進程を推進した。

- 2018年「民政部が主催した『全国社区治理及びサービス能力建設モデル研修班』」
  概要：

  各級民政幹部の社区治理改革革新能力を向上させ、都市社区治理作業を新たな段階へと押し上げることを目的としている。

  影響分析：

  各級民政幹部に対する研修を通じて、政策は社区治理改革の執行能力を強化した。

研修内容は、社区治理の革新と改革に焦点を当て、社区治理作業の深度ある展開を促進した。幹部の治理能力と政策執行力の向上を通じて、全国的な社区治理がさらに推進された。この措置は、社区治理モデルの継続的な革新と最適化に寄与し、社区が社会治理において実践的な役割を果たすことを可能にした。

・2019年「『基層政権及び社区建設司』が『基層政権建設及び社区治理司』に改名」

概要：

部門名の変更は、城郷社区建設から城郷社区治理への全面的な転換を示し、社区治理が国家治理体系の核心内容として位置づけられたことを示している。

影響分析：

この改名は、国家の社区治理に対する重視の度合いを反映している。社区治理を基層政権建設の核心任務として位置づけることで、政策は社区が建設から治理へと全面的に転換することを促進した。社区治理は国家治理現代化の重要な構成部分となり、社区が社会管理において果たす役割と地位がさらに強化された。政策の転換により、社区治理能力の向上と治理体系の改善に向けた組織的な保障が提供された。

・2020年「城郷社区治理体系の形成」

概要：

2020年までに、中国は基層党組織が指導し、基層政府が主導、多方が参与し、共同で治理する城郷社区治理体系を基本的に形成した。

影響分析：

城郷社区治理体系の形成は、中国の社区治理が新たな段階に入ったことを示している。多方の資源を統合することで、政策は社区治理の全面的なカバーと効果的な実施を推進した。基層党組織が社区治理において核心的な役割を果たし、基層政府、社会組織及び居民の共同参与が治理の効率性と公平性を高めた。この体系の形成により、国家治理体系及び治理能力の現代化を推進するための堅実な基礎が築かれ、城郷社区治理の長期的なメカニズムが確立された。

・2022年「新時代民政標準化作業を全面的に推進する意見」

概要：

意見は、2025年までに全面をカバーし、構造が合理的で、科学的かつ実用的な民政標準体系を基本的に構築し、社区治理における標準化の応用を推進することを提

案している。

影響分析：

標準化作業の推進は、社区治理に対する制度化及び規範化の保障を提供した。民政標準体系を構築及び改善することにより、政策は社区治理の法治化、科学化及び精緻化の発展を促進した。標準化作業の実施により、社区サービスと治理の質及び一貫性が確保され、社区治理の持続可能な発展のための技術的支援と管理の根拠が提供された。本政策の推進により、社区治理の効率とレベルがさらに向上し、国家治理現代化の実現に貢献した。

2　GB-T 34300-2017城郷社区網格化服務管理規範の日本語訳

（筆者訳）

1　範囲

　本標準は、都市部及び農村部における網格ベースのサービス管理の一般的な目的、網格の区分、作業機関及び作業形態、設備及び財政的な保証の要件について規定するものである。本規格は、全国の都市部及び農村部における網格ベースのサービス管理に適用される。また、本規格は、農村の建設が進んでいない行政集落における系統サービスの運営を指導する場合にも適用される。

2　標準的な参考資料

　本書の適用には、以下の書類が必須となる。 参考文献に日付が記載されている場合は、その日付のものだけがこの文書に適用される。参考資料の日付がない場合は、最新版（すべての修正票を含む）が本書に適用される。

3　用語の説明と定義

　この文書では、以下の用語及び定義を適用する。

3.1 社会保障の総合的な管理 公共保障の総合的な管理

　各部門と各政党は、社会保障の安定を確保するために、さまざまな手段を用い、対策と予防を同時に行い、症状と根本原因の両方に対処することで、協調と調整を図る。

[GB/T31000-2015, Definition 3.1]。

3.2　公安の総合的な管理の中心的な役割を果たす。

　社会保障の総合的な管理のための組織が設立した社会保障の総合的な管理のためのセンターは、組織と調整の役割を果たす。[GB/T31000-2015, Definition3.4]

　　注）県・郷・村レベルの総合統制センターの建設は、網格ベースのサービス管理、社会サービス、情報支援、人的・物的保障を強化し、実践機能を強化するものである。

　また、センターのサービスと管理の資源をさらに網格と家庭に拡大し、矛盾と争いを共同で調整し、社会保障を共同で予防し、重要な仕事を共同で行い、著名な公安問題を共同で処理し、サービスと管理を共同で把握し、草の根レベルの平和を共同で

作り、人々の関心と需要を適時に反映し、調整することができるようにした。

3.3　公衆衛生の総合的な管理に関する情報システム

公衆衛生を総合的に管理する情報システムは、総合的なガバナンスのビジネスニーズを志向し、既存のインフラを最大限に活用し、各種プラットフォーム資源を統合し、システムを通じてテキスト、画像、音声、映像などの各種情報データを統合、交換、共有し、垂直統合、水平統合、安全で信頼できる情報システムを構築している。

3.4　公共保安用映像監視システムの構築　ネットワークの構築、ネットワーク化、公共保安用映像監視システムの応用

スノーライトプロジェクト

フルエリアカバレッジ、フルネットワークシェア、フルタイムアベイラビリティ、フルコントロール を目標に、公共セキュリティビデオ監視システムの構築を強化し、システムの普及を促進する。

公共安全ビデオ監視システムの構築を強化し、各種ビデオ監視リソースのシステムネットワーク化と統合を推進し、各分野・各部門のビデオ映像リソースの共有応用を促進・保証することを目的としている。

3.5　網格

都市や農村の社区、行政村、その他の特定の空間ゾーンの中に分けられた草の根の統合サービス管理単位。

4　一般目標

体系的、総合的、合法的、源流的な管理を堅持し、党委員会の指導、政府の指導、各部門の協調的努力、社会勢力の積極的参加を堅持し、都市と農村で網格ベースのサービス管理を行い、必要な資源、サービス、管理を草の根レベルに配分し、草の根レベルが国民に正確で効率の良いサービス管理を提供する権限を持ち、各レベルの国民の関心と要求をタイムリーに反映し調整し、草の根レベルで安全中国建設への強固な基盤を絶えず作り、総合社会保障管理レベルの向上を目指すことである。

5　網格分割

地域の実情に応じて、都市と農村の社区は、原則として300〜500世帯または1000人に応じて網格に分け、行政村は村グループ（自然村）を一つまたは複数の網格に分

け、都市と農村の社区の大きなビジネスビル、各種公園、ビジネス街の市場、学校、病院、関連企業や機関は、実情に応じて専用の網格に分けることができる。

　網格の地理情報のデジタル化を実現するために、各網格にユニークなコードを設定する必要がある。　網格コードは、省（自治区、中央政府直轄市）が編集し、決定するものとする。

6　作業構成と動作モード

6.1　基本要件

　各省（自治区、中央政府直轄市）、市（県、州、連盟）、県（市、区、旗）、郷（街）、鎮（村）は、網格化サービスセンターを設立し、同レベルの党組織の指導の下で活動し、同レベルの総合統制センターと一体となって運営し、管轄内の系統サービス管理に関する業務を組織・実施し、同レベルの政府サービスプラットフォームとネットワークを構築しなければならない。

　網格ベースのサービス管理を行うため、総合統制センターはその機能的役割を十分に発揮し、総合統制情報システムを利用して情報、資源、力の統合を実現し、草の根社会統制の相乗効果を高める必要がある。　網格をセンターの基本単位として、センターのサービス管理資源を網格、建物、家族などにさらに拡大し、草の根の社会統制の精緻化と精密化を図る。

6.2　スタッフの構成

6.2.1　リーダーシップ

　網格ベースサービス管理センター長は、同レベルの統合ガバナンスセンター長を兼任し、網格ベースサービス管理センターの運営を取り仕切ることができ、実情に合わせて1名または数名の副センター長を設定することができる。

6.2.2　スタッフ

　網格ベースのサービス管理センターのスタッフと同レベルの統合ガバナンスセンターのスタッフを統合的に管理・活用する必要がある（GB/T33200-2016を参照）。

6.2.3　網格長

　社区（村）の網格ベースのサービス管理センターは、その管轄内の各網格の網格長を持つ必要がある。各網格には、1人または複数の網格管理者を置くことができる。複数の網格員を持つ網格は、網格員を持つことができる。

網格管理者は、社区（村）の「2つの委員会」のメンバー、郷（街）の幹部、村（住民）のグループリーダー、学生村の職員、警備員、ソーシャルワーカー、民衆調停員、平和ボランティア、ビルリーダー、その他の人材で構成することができる。

　関連する法律や政策に基づき、政府のサービス購入などの方法でソーシャルワーカーを雇用し、ポストと責任を設定して、標準的な管理を強化することができる。

　網格マネージャは、動作するように労働許可を実装するためのトレーニングの後、その職務、法令遵守、整合性を実行するために良い政治的品質、ビジネス能力、通常の物理的な条件を持っている必要がある。網格サービス管理センターは網格長の選抜と任命に良い仕事をし、教育訓練を強化する必要があり、関連部門は率先して網格長のビジネストレーニングに参加し、指導の仕事を強化すべきである。

　網格管理者の労働報酬や仕事に対する補助金、インセンティブメカニズムの確立については、経済発展や財源に基づき合理的に決定し、チームの安定性を維持するために、網格管理者の待遇に関する正常な成長メカニズムを改善する必要がある。

　また、網格サービス管理センターは、網格管理者自身の業務実績と日常のパフォーマンス、地区単位および住民の満足度評価、網格管理者のパフォーマンス評価、およびその評価結果に基づく報酬、懲罰、研修、採用の手続きに基づき運用される。網格管理者が評価において不適格と判断された場合、または法令や規律に違反した場合には、関連する法令に基づき解任されるものとする。網格管理者が評価において不適格である場合、または法令や規律に違反した場合は、法令に基づき解任されるものとする。

6.2.4　社会的な力

　網格化サービスセンターは、関連社会組織の系統サービス管理への参加を支援し、都市と農村の退職した老幹部、地域社会の問題に熱心な住民党員、建物のリーダー、路地のリーダー、不動産所有者、所有者委員会のメンバー、その他のボランティアを十分に動員して系統サービス管理関連業務を積極的に支援すべきである。

　網格ベースのサービスの運営において、村落（近隣）委員会や民衆調停委員会など、法律や規則に従って設立された草の根大衆組織の役割を十分に発揮させること。

6.3　機能的な位置づけ

　各レベルの網格ベースサービス管理センターは、管轄内の網格ベースサービス管理業務を組織、調整、指導し、関連作業チームの構築と管理を強化する責任を負う。具体的には、以下の機能が含まれる。

a）基本的な情報収集　網格内の人、場所、物、出来事、組織、その他の基本的な法秩序の要素について、GB/T31000-2015の要求を満たすように情報を収集し、総合統制情報システムに入力し、適時にデータを更新すること。

b）世論を収集する。　定期的または不定期に網格を訪問するなどの方法で、住民からの社会状況や世論をタイムリーに把握し、さまざまな不安定要因を調査、整理、対処し、GB/T31000-2015の要求に従って、関連情報をタイムリーに総合統制情報システムに入力する。

c）潜在的なセキュリティ上の危険性を調査し、是正する。　関連機能部門と協力し、社会保障、生産安全、交通安全、鉄道運行安全、環境安全、消防安全、食品・薬品安全、及び網格におけるマルチ商法、違法資金調達、労働関係紛争、カルト活動などの隠れた危険性を調査するとともに、移動人口や特殊人材の管理、ポルノや違法性の撲滅、少年非行の防止、反テロに関する政策や法律の実施に取り組むこと。

また、浮遊人口や特殊な人々に対するサービスの管理、ポルノや違法行為の撲滅、少年非行の防止、テロの防止などの分野における政策や法律の実施状況を視察する。

GB/T31000-2015の要求に従い、関連する状況を適時に包括的ガバナンス情報システムに入力する。

d）対立や係争を解決する。　定期的な検査、街頭パトロール、家庭訪問などを通じて、網格内の各種紛争・争議を総合的に調査し、一度に解決・処理し、関連調停機関や機能部門と積極的に連携して調停・処理を行い、GB/T31000-2015の要求に従って、関連状況をタイムリーに総合統制情報システムに入力する。

e）精神的な社会的サービス、ガイダンス、危機介入に参加する。　政府は網格内の住民の精神衛生を把握し、顕著な葛藤、幻滅、不均衡、行動障害、偏執狂の人々に対する人間的ケアとフォローアップ支援を強化し、関連部門と協力して心理カウンセリングと心理危機介入を実施する必要がある。

f）政策・法規制の推進　関連する国の政策、法律、村の規則などを広報し、安全の確保の知識を広め、草の根レベルで平和と安全の創造に積極的に参加する国民を組織・動員し、意識的に法律を守るよう指導し、文明的な社会文化を提唱すること。

g）公共サービス機関。　これは、省・市・県政府のサービスセンター、郷（街）便サービスセンター、都市・農村社区統合サービスセンター（統合サービスセンター）と連携し、実情に合わせて組み合わせることができる。

省・市・県政府サービスセンター、郷（街）便サービスセンター、都市・農村社区統合サービスセンター（ステーション）などの政府サービスプラットフォームは、労働・雇用、社会保険、社会扶助、社会福祉、家族計画などの分野で網格向けサービスを提供することができる。

労働・雇用、社会保険、社会扶助、社会福祉、家族計画などの分野で、網格内の住民に効率的で便利な総合サービスを提供している。

h) 綿密なデータ分析 統合ガバナンス情報システムのデータの相関と分析、研究と応用を通じて、我々は研究し、把握することができる。

統合統制情報システムのデータの相関と分析、研究・判断の応用を通じて、地域の紛争・争議と社会保障の規則的な特徴と傾向を研究・把握し、党委員会と政府の意思決定の参考とする。

i) 一連の平和創造活動に参加する。

j) 党委員会と政府、または上位の網格ベースのサービス管理センターから割り当てられたその他の事項を実施する。

6.4 タスクの流れ

網格ベースのサービス管理は、公共の需要を理解するために、問題や隠れた危険性などを発見し、包括的なガバナンス情報システム、現代の情報技術の使用に依存して、ソースの発見、収集、ファイルの構築、トリアージ、検査と監督、結果のフィードバックなどの良い仕事をするために統合、閉ループワークフローを形成する必要がある。具体的な内容は以下の通りである。

a) さまざまなニーズや課題、または潜在的な危険について、網格マネージャが対応できない場合は、速やかに調整し、解決に向けて社区（村）の網格サービス管理センターに報告する必要がある。

b) 各レベルの網格ベースサービス管理センターは、下層網格ベースサービス管理センターまたは網格管理者から関連する公共需要または隠れた問題を発見または報告を受けた場合、それが単位または同じレベルの関連部門の責任範囲内にある場合は、速やかに解決または関連部門に転嫁し、必要に応じて複数の部門が関わる問題の調整を強化しなければならず、下層網格ベースサービス管理センターの責任範囲内にある場合は、速やかに社区（村）網格ベースサービス管理センターに引き渡さなければならない。

問題が下位の網格ベースサービスマネジメントセンターの責任範囲にある場合は、時間内に引き渡し、上位の網格ベースサービスマネジメントセンターで調

整する必要がある場合は、時間内に報告する必要がある。

c) 各レベルの網格式サービス管理センターは、発見または報告された関連要求と問題を所定の時間内に完了させるか、同レベルの関連部門または下位レベルの網格式サービス管理センターが所定の時間内に完了するようフォロー、監督し、プロセスの結果を関連住民にフィードバックしなければならない。

d) 網格ベースのサービス管理センターのすべてのレベルの上の郷（通り）は、上記のプロセスの電子ファイルを確立する必要がある。条件を満たしている地域（村）網格ベースのサービス管理センターは、電子ファイルを確立することができる。

e) タスクフローの過程で他の作業を行う。

7　設備要件

7.1　一般要求事項

網格ベースサービス管理センターは、同レベルの統合ガバナンスセンターと一体となって運営され、そのオフィススペースとオフィス設備はGB/T33200-2016の8.1の規定に準拠し、網格ベースサービス管理センターのロゴと標識は増加する必要がある。

標識の名称は、××省（自治区、中央政府直轄市）、××市（県、州、連盟）、××県（市、区、旗）、××郷（街）網格ベースサービス管理センターで統一されている。社区（村）網格ベースのサービス管理センターは掲載されていない場合がある。

7.2　情報システム

網格ベースサービス管理センターは、第6章の要件を満たす統合ガバナンス情報システムを備え、運用するものとし、次の機能を有するものとする。

a) 国家基本人口情報データベースと関連機能部門の情報システムに接続し、統合と共有、相関と比較、総合的な統合を実現する。

b) 各網格管理者に携帯情報収集端末または対応する携帯電話APPを装備し、写真、テキスト、音声、ビデオの形でリアルタイムに関連情報を収集し、統合ガバナンスセンター及び網格ベースのサービス管理センターと相互接続することが可能な場合。

c) 網格内の公共セキュリティビデオ監視システムに接続し、包括的なガバナンスビデオネットワークシステムとドッキングし、リアルタイムレポート、リアルタイム処理、リアルタイムフローと写真やビデオのリアルタイム監督、網格内

の公共安全ビデオ監視システムを接続し、包括的なガバナンスのためのビデオネットワークシステムと連携させることで、情報のリアルタイム報告、リアルタイム処理、プロセスの透明化を実現する。また、写真や映像のリアルタイム監視を行い、住民の安心と安全を支える仕組みを構築する。

網格ベースのサービス管理センターは、すべてのレベルで確立し、関連する情報セキュリティ保護システムを改善し、厳格な情報セキュリティレベルの保護情報の機密保持システムを確立し、インフラ、情報とアプリケーション及びその他のリソース、エンドユーザーとアプリケーションシステムの3次元、自動セキュリティ監視を実現するために、全方位のインテリジェントなセキュリティ保護をする必要がある。情報利用管理には階層的な権限体系を導入し、サービス管理顧客の情報データ及び個人情報の安全性と機密性を確保するために「1レベルの権限、1つのアカウント番号、1つのパスワード」を実装している。

8 財務的な安全性

中国共産党中央委員会総局、国務院総局が出した「社会保障予防管理システムの構築強化に関する意見」、中国共産党中央委員会総局、国務院総局が転送した「平和的建設の更なる発展に関する中央政治法律委員会と中央社会保障総合管理委員会の意見に関する通達」、中華人民共和国の予算法などの法律、政策により、各級人民政府、その財政部門は社会保障総合管理、平和建設に資金提供しなければならない。

各級人民政府及びその財政部門は、法治と平和構築の総合的なガバナンスのための資金を合理的に保障し、政府が負担すべき資金を規定に従って同級の財政予算に盛り込み、「権力は責任に、費用は事項に従う」ようにし、網格型サービス管理センターと総合ガバナンスセンターの建設、運営、維持が円滑に行われるようにすることである。

同時に、社会主義市場経済の要求を満たす資金調達メカニズムを徐々に確立し、社会各界の努力を十分に動員し、多方面から資金を調達し、建設に参加させる。

網格型サービス管理を社区サービス業務または集団予防管理に統合し、政府によるサービス購入などを通じて社会保障予防管理ネットワークの構築を強化する。都市浮動人口、農村残留者、困難集団、特殊集団に対する社会サービスは、関連政策に基づき政府購入サービスのプールに含めることができ、資金を増やして保護水準を向上させる。

政府は、サービスなどの購入、社会的勢力に委託された紛争・係争の多様な解決業務、業績評価などを行うことができる。

3　DB35_T1808-2018城郷社区網格員工作規範の日本語訳

（筆者訳）

1　範囲

　本標準は、都市と農村の網格員の位置と任務、日常管理と作業要件、主要タスクの運用仕様、監督と評価について規定するものである。この規格は、都市部及び農村部の網格員の管理及びサービス業務に適用される。

2　参考文献

　このドキュメントを適用するためには、以下のドキュメントが不可欠である。

　文書が日付とともに引用されている場合、この文書には日付のついたバージョンのみが適用される。参考文献に日付がない場合、本書は最新版（すべての改訂版を含む）を適用する。

3　用語と定義

　本書では、以下の用語と定義を適用する。

3.1　網格とは、都市や農村の社区、行政村、その他の特定の空間ゾーンの中に分けられた草の根の統合サービス管理単位のこと。[GB/T 34300-2017、定義3.5]。

3.2　網格員　各都市・農村網格員において、網格内の日常業務を担当し、各種公共サービスの提供や行政支援業務に補助・協力する者。

4 役職・職責

4.1 網格員職の要件

4.1.1 原則として、都市部及び農村部の社区は、300〜500世帯または1,000人を基準として網格を合理的に分割し、「1網格1人」または「1網格複数人」の要件に従って、 各網格に常勤（非常勤）網格員を用意する。

4.1.2 網格部材は、GB/T 34300-2017の6.2.3の要求を満たすこと。

4.1.3 網格メンバは、複数の担当を持つものとする。隣の網格の2人の網格メンバ、または網格内の複数の網格メンバは、ABポストを持つことができる。

4.2 算定者の責任

4.2.1 一般規定 GB/T 34300-2017の6.3に関連する職務を果たすことに加え、網格員は本標準の4.2.2から4.2.12に規定する特定の職務を果たすことが望ましい。DB35/T 1808-2018 2

4.2.2 党構築作業

  4.2.2.1 党の路線、指針、方針を伝播させる。

  4.2.2.2 網格内の党員に関する情報を収集・更新し、網格内の党組織と協力して活動を行う。

4.2.3 健康ワーク

  4.2.3.1 公衆衛生、医療サービス、健康上の緊急事態、家族計画に関する法令や関連知識を広報する。

  4.2.3.2 必要に応じて家庭を訪問し、家族計画サービス及びインセンティブとサポートを収集、入力、管理、提供する。

  4.2.3.3 必要に応じて、保険適用外妊娠及び保険適用外出産に関する情報を適時に報告する。

4.2.4 労働・社会保障業務　草の根の労働・社会保障業務を遂行し、雇用促進、社会保険、退職者管理、労使関係の調停、労働争議の調停を支援・協力する。

4.2.5 民生業務　重要な受益者、低所得者、寡婦・孤児、空巣高齢者、困難な高齢者、網格内の障がい者に関する情報を適時把握・収集・更新し、関連部門と連携して良いサービスを提供する。

4.2.6 平和創造活動

  4.2.6.1 一般的な平和と安全の構築に関連する法令を公表し、関連部門と協力して、賃借人及び入居者が法令に従って安全責任を果たすよう促すことが

できる。

4.2.6.2　地域警察と協力して、網格内の治安と薬物対策に良い仕事をし、あらゆる種類の不安定な要因、ガバナンスを迅速に発見し報告すること。

4.2.6.3　社会の安定に影響を与える重要人物に関する情報の報告、及びそれらの安定と統制を支援する。

4.2.6.3　情報の報告、及び社会の安定に影響を与える重要人物の支援と安定化を支援する。

4.2.7　文明の利器によるボランティア活動

4.2.7.1　文明都市の創造に参加し、社会主義の中核的価値観と市民的慣習を提唱し、社会正義、家徳、集団主義、愛国心を促進し、文明的共同体精神を創造する。

4.2.7.2　村（住民）の習慣を変え、文明的な社会文化を提唱するよう指導する。

4.2.7.3　文明的な社区の創造、社区が組織するさまざまな文化・教育活動、及び公共の利益のための自発的な活動に参加する。

4.2.8　街並みへの取り組み

4.2.8.1　一般市民の環境衛生に対する意識を高めるため、環境衛生管理規程や衛生学に関する一般的な知識について広報を行う。

4.2.8.2　担当網格の街並み、環境衛生、違法建築、不法占拠の検査を強化し、問題があれば適時に助言・報告する。

4.2.9　環境保護の監督

4.2.9.1　環境保護規制と生態学的文明の概念を広報する。

4.2.9.2　検査で発見された違法排出、公共の苦情、環境安　全性のリスクについて助言・報告する。

4.2.9.3　環境保護部門と協力し、網格内の環境汚染源のセンサスを実施し、環境対応と訪問（紛争）を調整する。

4.2.10　生産安全への取り組み

4.2.10.1　生産安全関連法規を周知し、生産安全に関する一般知識を普及させる。

4.2.10.2　安全監督部門を支援し、網格内の生産をマップ化する。

4.2.10.3　安全検査を支援し、違法な生産・操業慣行及び潜在的な安全生産事故が発見された場合、適時に報告する。

4.2.11　火災安全作業

4.2.11.1　火災安全関連の法令を周知する。

4.2.11.2　網格のユニット及び施設の基本的な火災安全の状況を熟知しているこ

と。

4.2.11.3 関連部門と協力し、さまざまな火災安全の是正作業を実施し、さまざまな火災安全及び火災危険の調査及び報告を支援する。

4.2.12 その他の課題 党委員会、政府、または上位の網格ベースのサービス管理センターから割り当てられたその他の事項を実施する。

5 日常的な管理・業務要件

5.1 網格員の日常的な管理

5.1.1 採用

5.1.1.1 網格構成員は、関連する法律と政策に従って募集され、実力に基づき社区によってオープンに募集されるものとする。

5.1.1.2 雇用者の法的権利及び利益を保護するため、主管部門は雇用者と書面による雇用契約を締結するものとする。

5.1.2 トレーニング

5.1.2.1 社区に初めて参加する、または参加したばかりの網格担当者は、職務に就く前に、社区サービススキル、世帯インタビュー練習などの研修を受けるものとする。研修に合格できなかった者は、独立して業務を遂行することを認めない。

5.1.2.2 社区網格オフィサーは、必要に応じて、毎年OJTを受けるものとする。訓練結果は、社区網格オフィサーのファイルに記録され、毎年の評価の基礎として使用されるものとする。

5.1.3 実務に必要な資格

社会福祉士国家資格試験の受験資格を満たす網格員は、全員専門資格試験を受験するものとし、受験資格を満たさない網格員は、実地学術教育を受け、知識構造を向上させた後に受験することを推奨する。

5.1.4 報酬と福利厚生

5.1.4.1 主務官庁は、規則に従い、系統運用者に全額かつ定期的に給与を支払い、その報酬を通常増額するためのメカニズムを確立するものとする。

5.1.4.2 網格員は、関連規則に従い、基礎年金、基礎医療、失業、労働災害、その他の社会保険、住宅積立基金、その他関連する給付を受ける権利を有するものとする。

5.1.4.3 網格員は、法律に従って労働組合の運営に参加し、労働組合給付金を発行し、教育、文化、スポーツ、広報などの労働組合活動に定期的に参加

する権利と利益を享受するものとする。

5.2　網格部材の作業要件

5.2.1　基本要件

5.2.1.1　共同体の規則と規制を遵守すること。

5.2.1.2　地域政党組織のリーダーシップと地域住民委員会の運営に従う。

5.2.1.3　村（住民）の民主的な評価と上位機関の評価・監督を受け止める。

5.2.2　勤務中のバッジの提示

業務を遂行するために網格に入るときは、統一された服装で、統一された作業カードを着用しなければならない。

5.2.3　家庭への定期訪問

5.2.3.1　網格内の人口、家屋、ユニット（事業所）の基本情報を、移動人口や特殊な集団の基本情報を中心に、タイムリーに収集・更新する。

5.2.3.2　必要に応じて網格内の世帯への訪問を実施し、網格内の主要世帯への訪問・ドアツードアサービスを確実に行う。

5.2.4　情報の報告

5.2.4.1　社会保障、労働保護、市民サービス、家族計画、都市管理、環境保護、生産安全、食品（薬品）安全などに関する網格内の問題や不安定要因を迅速に調査し、報告することができる。

5.2.4.2　突発的または重大な事故は、その問題の具体的な場所、内容、状況を示した上で、初回の報告内に報告するものとし、過少報告、省略、報告の遅れ、誤報は行わないものとする。

5.2.5　作業の機密性

5.2.5.1　守秘義務規則を遵守し、収集した情報を公開しないものとする。

5.2.5.2　一般への情報提供の必要性がある場合、規則に従って承認されるものとする。

5.2.6　職場への出勤状況

5.2.6.1　主務官庁の出勤システムを遵守し、説明不要の欠勤や無断欠勤は許されないものとする。

5.2.6.2　網格員は、村（住民）の労働生活を円滑にするため、休息日や休息期間に村（住民）に公共サービスを提供する柔軟な勤務時間制を採用することができるものとする。

5.2.7　連絡先アポイントメント

5.2.7.1　可能であれば、携帯端末を提供し、家庭訪問中も通信が可能な状態にし

ておく。

5.2.7.2 特別な用事がある村民（住民）は、事前に網格ワーカーに電話で作業時間や作業項目のアポイントを取ることができ、網格ワーカーは、それぞれの状況に応じて良好な時間調整と受付を行うことができる。

5.2.8 コミュニケーションと調整

5.2.8.1 内部コミュニケーション。毎日の社区会議、週次会議、月次会議のシステムと組み合わせ、網格内のあらゆる種類の問題を時間内に報告し、調整と解決を依頼する。

5.2.8.2 外部との通信。網格員は、家庭を訪問し、サービス受給者とコミュニケーションをとる際、サービス受給者のニーズに応じて適切なコミュニケーションや提供方法を選択し、記録を残す。

6 主要な作業タスクの運用仕様

6.1 情報の収集と提出

6.1.1 情報の分類

6.1.1.1 人々の要求に関する情報

6.1.1.2 都市管理、環境保護、生産安全、価格・料金、食品・医薬品監督、工業・商業、消費者の権利・利益の保護に関する苦情に関する情報を含む、人々の生活に関する情報。

情報、雇用、学校教育、医療、住宅、社会保障、家族計画などに関する苦情に関する情報、その他住民の一般的な関心事であり、社区では解決できない生活上の苦情に関する情報などである。

その他、住民の一般的な関心事であり、地域社会では解決できない生活に関する苦情に関する情報。

6.1.1.3 世論に関する情報

導入された政策に対する意見、国民の利益となる各種政策の実施に対する反省、経済・社会の発展に関する合理的な提案、関連部署が取り組むべき住民の関心事に関する情報などである。関係部署での決議が必要な事項など。

6.1.2 情報の分類

6.1.2.1 網格クラーク自身が扱うべき情報：網格の基本情報収集、高齢者、免許、障がい者支援、家族計画などの網格基本サービス、基本情報チェック、社会的意見の収集とフィードバックなど。

6.1.2.2　社区書記（所長）への報告が必要な情報：社区で確認が必要な情報、基本情報の報告と緊急時の現場対応、網格をまたぐ行政事務、社区の近隣トラブルと網格書記で解決できないもの、社区年金、障がい者支援、家族計画、包括的ガバナンスサービス等。

6.1.2.3　街道（町）の書記、局長及び関連機能部門に報告する必要のある情報：街道（町）の関連機能部門の承認が必要な決定、社区にとって対処が困難な社会・治安上の突発的事件、社区を横断する行政事務、街道（町）の重要業務、社区にとって対処が困難な総合治安問題、など。

6.1.2.4　地区（県）政府の関連機能部門に報告する必要のある情報：地区（県）政府の関連機能部門の承認と決定を必要とする情報、対処が困難な社会的、安全的な突発事故、地区（県）政府の関連機能部門の協調を要するもの、地区（県）または市政府の重要業務、繰り返しの請願書など。

6.1.3　情報収集

6.1.3.1　収集方法

家庭訪問、網格訪問、アンケート調査、懇談・交流などさまざまな形で、網格内の社会・国民の声をタイムリーかつ網羅的に把握・収集する。

6.1.3.2　収集時間

休息日や休憩時間、約束の時間などを利用して、家事情報収集を行うことが望ましい。

6.1.3.3　ポリシーの普及

家庭から情報を収集する際には、基本情報収集の目的や意義、情報データの機密保持に関する規律や要求事項などを収集対象者に周知する必要がある。

6.1.3.4　情報の充填

現場での情報収集には携帯端末を使用することが望ましいが、特別な事情がある場合は、紙の情報収集用紙を使用し、正確さを確認した上で提出することも可能である。

6.1.3.5　データ入力

収集・確認された基本情報は、正確性を監査された後、網格ベースのサービスマネジメントのための情報プラットフォームに直接インポートまたは入力されることになる。

6.1.4　情報の提出

網格員が収集した社会的意見に関する情報は、分類と等級付けの審査を経て、網格ベースのサービス管理情報プラットフォームに入力される。収集した生活需要に関する情報は、定められた責任分担と手続きに従って、社区または関連部門が調整する。

6.2　紛争の調査及び解決

6.2.1　パトロールと調査

家庭訪問や網格パトロールを通じて、網格内の村（住民）、家族間、村（住民）と地区内のユニット間で発生する社会紛争、例えば隣人紛争、結婚・家族紛争、土地・住宅紛争、労働・雇用紛争、公安紛争などを適時に把握し、調査・記録する。

6.2.2　現場での調停

一般的な紛争・対立については、系統運用者がその場で調停できる場合、あるいは調停が困難な場合は、地域の徳の高い人や公共の福祉に熱心な人を招いてその場で調停してもらい、同時に系統運用サービス管理の情報プラットフォームに入力してもらうようにする。

6.2.3　社区共同調停

現場で解決できない複雑な対立や紛争については、社区幹事（ディレクター）または社区警察に時間内に報告し、当事者を社区調停室に誘導し、社区によって共同調停を組織するものとする。

6.2.4　オンラインフロー

社区に属さない矛盾案件については、社区が検討した後、網格型サービス管理の情報プラットフォームを通じて、速やかに街（町）、区（郡）等の部門に転送し、オンラインで処理するものとする。

6.2.5　評価の受理

担当する矛盾案件のフォローアップと監督を行い、評価案件の処理結果を関係者に通知し、網格ベースのサービスマネジメントの情報プラットフォームを通じて評価結果を案件の処理部門にフィードバックする。

6.3　ファシリテーションサービス

6.3.1　ニーズの把握

家計調査では、網格の中で移動に制限のある人や特別な困難がある人のサービスニーズに重点を置いて、住民のサービスニーズを把握し、記録を残す必要がある。

6.3.2　素材の収集

入居者に代わって取り扱うサービス事項に必要な関係書類や資料について、地域の窓口サービス担当者や関係部署と速やかに相談し、在宅サービス事項の手続きや必要事項を率先して入居者に伝え、委託を受けて取り扱うサービス事項の関係書類や資料を収集する。

6.3.3　住民に代わって行うサービス

社区サービスステーションや関係部署に出向いてサービス事項を処理し、関係者に代行するサービス事項の処理時間を連絡する。

6.3.4　ドア・ツー・ドアのデリバリー

完成したサービス文書と料金文書は、タイムリーに玄関に届けられ、居住者に評価される。

7　監督・評価

7.1　網格オフィサーの業務監理

7.1.1　監督される対象者

7.1.1.1　検査担当者は、随時、本ポストの業務の自己点検を実施するものとする。

7.1.1.2　網格クラークの直接の監督者は、割り当てられた業務分野に従って、網格クラークの特別な業務を随時監督するものとする。

7.1.1.3　共同体幹事ディレクターは、規則に従って網格ワーカーの職務の遂行を監督するものとする。

7.1.1.4　街（町）、地区（郡）、市及び関連部門は、業務の必要性に応じて、社区と網格担当者の業務を監督することができる。

7.1.2　監督の方法

7.1.2.1　監督は、包括的検査、特別検査、無作為抽出の形で実施される場合がある。

7.1.2.2　検査は情報審査、問い合わせ、作業報告書の形で実施されるものとする。

7.2　網格の働きの評価

7.2.1　鑑定方法

7.2.1.1　網格員の鑑定作業は、街道（町）の指導のもと、社区によって組織されるべきものである。

7.2.1.2 網格員の評価は、通常の評価と年次業績評価に分けられるものとする。

7.2.1.3 定期的な評価は、網格の日々のパフォーマンスと仕事の完成度に基づいて行われ、年次の業績評価は、報告を聞き、記録を確認し、スコアを数値化することによって行われる。

7.2.2 鑑定評価基準

社区は、網格員のパフォーマンスについて、包括的でリアルタイムかつダイナミックな追跡と評価を実施すること。日々の作業は記録され、評価の主な根拠として保管されるものとする。

7.2.3 鑑定内容

7.2.3.1 基本作業

これには、総合統制、家族計画、移動人口管理、労働安全、民政などの各種ビジネスポートの特殊業務や、政党建設、障がい者協会、高齢者、教育、文化体育、健康、文明創造、環境保護、生産安全などの網格内の各種業務に関する情報収集、事件報告、調整、処理、フィードバックなどの補助業務が含まれる。

7.2.3.2 特殊作業

網格における特別な作業の実施には、以下のようなものがある。

a）家庭訪問、広報誌、事例分析、定期報告書など。

b）人口記録、地理情報、静的情報の収集と、党構築、包括的ガバナンス、家族計画、民政の入力。

c）緊急事態、紛争、集団陳情、公的要求、社会的意見などの動的情報の調査、発見、報告、早期警報、処理。

d）村人（住民）による情報相談、事項照会、処理に対するフィードバックなどのサービス業務。

7.2.3.3 作業規律

出席率、システムの遵守、取り決めへの従順さ、その他業務上の規律。

7.2.3.4 一般からの評価

網格の村人たちの仕事に対する満足度。

7.2.3.5 その他の作業

網格員が発見すべきであったが発見しなかった場合、または、以下のいずれかの状況が発見され、情報の報告が間に合わず悪影響を及ぼす場合、通常の評価及び年次評価に含まれる。

a）集団的な請願の潜在的な危険がある場合。

　　　b）土地の違法建築と不法占拠。

c）その他、管区の安全・安定、経済・社会の発展に影響を及ぼす可能性のある重
　　大な事項。

7.2.4　評価結果の活用

　7.2.4.1 報酬と罰のメカニズムを確立するものとする。評価において優秀で適格な
　　　　網格オフィサーにはインセンティブと業績給を実施するものとする。

　7.2.4.2 評価で不合格となった者は、報奨と罰の仕組み及び労働契約に従って対処
　　　　されるものとする。次の各号に該当する者は、解任または調整されるもの
　　　　とする。

　　a）犯罪を犯し、刑事責任を問われたことがある。

　　b）懲戒処分を受け、懲戒検査・監督部門から減点以上の処分を受けた者。

　　c）共同体の作業規程に著しく違反し、村（住民）の利益を著しく損なった場
　　　　合。

　　d）その他、網格員の職務を遂行するのに適していないと判断される場合。

付録表1　ステージ、カテゴリー、サブカテゴリー、コード、代表的なインシデント

ステージ	カテゴリー	サブカテゴリー	コード
一時的な困りごとを解決する	日常的困りごと	日常生活の困りごとの解決	下水道の修理
			不法投棄の対応
			開錠の対応
		トラブルを調整する	家族内トラブルの調整
			居民間トラブルの調整
		緊急事態の解決	水漏れ・ガス漏れの解決
			火事への対応
			突然死への対応
		行政手続きを出す	証明書を出す
			証明書の認定手続きをする
	アンテナを張る	常時待機する	24 時間待機する
			昼夜を問わない
			休日でも休まない
		問題を見つけ出す	地域を巡回して、問題を発見する
			訪問して困りごとを聞き取る
	素早く対応する	急いで現場へ向かう	すぐに事故の状況を確認に行く
		速やかに動く	速やかに連絡をとる

代表的なインシデント
水道の詰まりなど私たちの業務での小さな日常茶飯事の一つ（AB）。
集合住宅棟の衛生改善への対応を行う（CDEF）。勝手に捨てられた大量のごみを処理することがよくあった（B）。
住民は鍵を忘れて家に入れないときや、ごみ捨てに行くときに鍵を持って出るのを忘れたために締め出されたときなどによく対応した（ABC）。
夫婦喧嘩や親子喧嘩等の家庭内で解決できないことをよく調整した（DB）。
犬の鳴き声などの騒音によって起こる隣人間のトラブルや（F）、公共空間の利用をめぐるトラブルなど住民間のトラブルを調整した（CBF）。
水漏れやガス漏れのような緊急事態がこれ以上悪化しないように、私は素早く対応しなければならない（ABF）。
火事があった場合、住民は119番より先に私のほうに連絡する。私は119番に電話したあと速やかに現場へ向かってできる限り対応する（AF）。
頼れる大人が周囲にいない未成年の子から父親の突然死への対応について、連絡がきた（D）。1人暮らし高齢者が夜中に突然死んだけど、子どもが傍にいないから私が対応した（B）。
死亡証明書、居住証明書、暫定的な居住証明書などの行政書類を提供する（DBEF）。
離婚証明書を出すための夫婦関係の認定証明書、親子関係の認定証明書、退職の認定証明書の手続きを行う（ABCDEF）。
行政機関から業務用の携帯が配られていて24時間電源が切れず、住民からの連絡が来たらすぐに電話に出られるように待機する（ABCDEF）。いつ緊急事態が発生するのか分からないので、24時間携帯の電源を切れない（D）。
夜中1時に火事の電話が来て、すぐタクシーで現場へ向かった（BD）。16歳のAさんが夜中に父親の死亡に気づいて、「どうすればいいのか分からないので、来てもらえますか」という連絡もあった（D）。認知症高齢者のSさんはごみを捨てる時、鍵を持って出忘れてオートロックのドアに締め出されて、入られないことがよくあった。夜中でも、連絡が来たら、預かっている予備キーでドアを開けてあげた（A）。
土日に私が自分の子どもの宿題をチェックしているところに住民から電話が来て、「今大変だから、来てください」と言われ、仕方なく子どもに留守をさせて、すぐ対応に行った（B）。…土日関係なく、緊急事態の場合、自腹でも速やかにタクシーで現場に向かう（BD）。
ほぼ毎日網格を巡回し、網格内の危険物や、壊れたものなどがないかを点検する（ABCDEF）。…早めに困りごとに気づくためには地域を巡回して、住民と顔を合わせることが大事（ABE）。地域を歩きながら、路上で住民に挨拶する。住民と喋りながら、困りごとを見つける（BED）。
退役軍人の障がい者や高齢者の家をよく訪問して、最近の生活状況を尋ねる（D）。訪問によって、家の状況を確認し、生活に必要なものや足りないものを発見したら、速やかに申請手続きを進める（DB）。訪問する時、家庭内の状況をある程度把握する必要がある（ABD）。
住民から連絡がきたから、速やかに対応しに行き、水漏れの場所を見つける…確認したら確かに水道のパイプに穴があった（AB）。必ず現場に行って、事故発生現場を確認する（AB）。
水漏れの連絡がきて、事故がこれ以上ひどくならないように、私は早急に調整する（A）。緊急連絡の場合、まず速やかに当事者に連絡を取る（D）。

ステージ	カテゴリー	サブカテゴリー	コード
一時的な困りごとを解決する	最善の解決方法にこだわる	意思疎通	解決方法を検討する
			話し合う
		対応方法を考え尽くす	人に応じて違う方法で対応する
			一番適切な対応策を探る
		需要に応える解決	住民のニーズを知り尽くした上で対応する
			ニーズに応じてサービスをつなげる
		社会資源を掘り起こす	各関係機関との協力
			上司からのサポート
	様子を確認する	解決の結果を確かめる	現場に赴き解決の結果を確かめる
		生活状況を確かめる	訪問・電話で確認する
	業務的関係	認められる	困った時に連絡がくる
			ドアを開けてくれる
		理解される	業務の大変さを分かってくれた
			業務内容を分かってくれた

代表的なインシデント
団地の下水道が詰まり、壊れた物の修理などの分担金について、一軒一軒の家を何回も何回も訪問し、検討した（AD）。老人ホームに行くことを検討し、その後の生活についても提案した（A）。
被害にあった住民を訪ね、解決方法を納得してもらうまでよく話し合った（A）。理解してもらうためによく話し合った（AB）。住民が理解できないことをゆっくり説明して、話し合う（CB）。
回数を重ねて訪問をし、それぞれ違う方法でコミュニケーションを取る…したがって複数の対応策を考えないといけない（ABCD）。年齢層によってニーズが違うので、外出ができない高齢者には配食サービスを提供するとか、若者にはトレーニング割引券を配るなどのサービスを行う機関と連携を図った。また、サラリーマンは昼に医療カードを取りに来る時間がないので、私が夜、家まで持っていくとかした（C）。
住民に怒られたときは無理に訪問しても効果がないので、まず距離をおいて、他の適切な方法を考えて違う日に訪問する（BEF）。何回も試して、一番相応しいやり方を自分で探さなければならない（C）。
一軒ずつ訪問することを通してそれぞれの住民の性格、ニーズ、好みなど家庭情報を知り尽くした上で困りごとに対応すれば、納得してもらえる（C）。世帯によってニーズが違うので、各世帯のニーズを把握した上で解決する（ABC）。
住民の状況とニーズをすべて把握しているので、誰にどのようなサービスが必要なのかすべて分かる（DB）。公的サービスを誰に適用すればいいのか分かるので、必要な住民にサービスを提供できる（ABCD）。
関係機関に協力してもらい、力を合わせて解決する（ABCDEF）。関連機関の協力が欠かせない。例えば、建築廃棄物がどこかに積まれていたり、水道が壊れたりした場合に、私たちは関係機関に協力を求めて、協力しながら解決した（AD）。救助ステーションがあるので、そこに連絡をとって、今後の対処方法を一緒に検討した（A）。
解決できない事件は、上司に相談して、解決方法を教えてもらう（ABD）。住民とトラブルがあった時、上司に私と住民の関係を調整してもらった（DF）。
水道修理や、ごみ処理などは関係機関に解決してもらっても、私がちゃんと現場へ確認に行かなければならない（ABE）。現場で確認した後、インシデントが解決したと認められる（AB）。
扶助金を申請した後、常に訪問し住民の生活の状況を確認する（AD）。お婆さんの家を常に訪問するか、電話することで、生活の状態を確認する（B）。頻繁に電話をかけて、その後の状況を把握する（A）。
住民の困りごとを一回解決したら、「頼れるね」と思われて、信頼してくれて、また何かあった時また連絡が来る（ABD）。丁寧に解決すれば、だんだん私を認めてくれ、困った時は私を思い出してくれる（E）。
問題を解決できると、現在、ドアを開けてくれるのは私たちしかいない（ABC）。
どんどん解決できれば、「あなたたちは大変だね」と言ってくれた（BEF）。
困りごとをを解決できれば、住民の私たちの業務内容に対する理解が深まってきた（A）。常に困りごとを解決すると、住民にだんだん私たちの顔が覚えられ、私たちが何をやっているかについて、もっと分かってくれた（D）。

ステージ	カテゴリー	サブカテゴリー	コード
継続的な困りごとに対応する	社会資源の不足	利用できるサービスがない	サービスがない
			頼んでも対応してくれない
		利用するまで時間かかる	申請時間が長い
			資源につなげるまで時間かかる
		協力を得られない	上司からのサポートを得られない
			関係機関の協力を得られない
	継続的な困りごと	孤独を抱える住民に支援する	独居高齢者の困りごとへの対応
			孤独感を抱える住民への対応
		閉じこもることへの対応	閉じこもりの住民への対応
		マイナスの考えの住民に対応する	生きがいを失った住民への対応
		専門的な支援につながらない困りごとに対応する	扶助金をもらえない住民への対応
			対応できるサービスが足りない

代表的なインシデント
空巣高齢者は配食サービスが必要だが、私が所属する社区にはサービスがないから、仕方ないね（B）。社会組織は書道教室などイベントのサロンを開催するが、高齢者の細かいところまでサービスをまだ提供していないね（AD）。
認知症のお婆さんの困りごとを何回も関係機関に報告したが、まだ返信してくれなかったね（ADF）。お爺さんは自立できるし、お金もあるから、ちょっと認知症の症状だけがあっても、介護サービスの申請するまではできないね、よく見に行くしかできない（D）。
ヘルプサービスをお願いしたが、申請手続きなど必要だから、早くても来年の春から使えるね（B）。対象者たちの状況を全部行政に報告した。いつ結果がでるのか分からない（A）。
私たちは一番基層地域で働く職員だから、直接トップに報告することができないね。サービスを申請したが、申請手続きが複雑で、時間かかるね（ABDE）。
本当は私がやるべきことじゃないからね、上司に言っても協力してくれないのは分かったけどね、解決しないと住民は困るので、解決方法を自分で考えないと（BC）。
この問題を解決するために関係機関に報告したが、誰が責任を負うべきかも明確になっていないので、誰にも解決してもらえなかった（BC）。
80歳以上の老夫婦は、ほとんど家事ができず、家族もおらず、そばに誰もいないので見守り対応した（B）。お婆さんの家の電球が壊れたが、一人で交換ができず、暗いままで2日間生活していたことに気づいて、電球交換をした（E）。
お婆さんの娘は精神的な病気を抱えていて、入院していたけれど、お婆さんはなかなか事実を受け入れることができず、毎日泣いて寂しそうだった。このような孤独を感じる高齢者が多かったので、常に見に行く（A）。私は業務中に、高齢者から「ちょっと話しを聞いてくれる？」というテレビ電話を受けている（F）。
刑務所に入った経歴があるRさんは外出することもなく、誰とも話さない（E）。障がい者になったため、あまりにもショックを受け、外出しない（B）。A君の母親はA君の父親に殺されたから、精神的な病気になり、学校に通えずなんとかしようと思った（F）。
「生きる意味がなくて、死ぬのを待つだけ」とずっと言っていたお爺さんを慰める（B）。「もう年だから、何にもできないでしょう」と考える高齢者に、社区のイベント情報を提供したり、常に連絡したりする（FD）。
Dさん（未成年者）の両親は仕事を失ったが、要件を満たしていないので生活保護の申請ができないから、利用可能なサービスを調整している（B）。Eさんは退役した後、なかなか生活が維持できないが、扶助金を申請する資格がなく、何とか解決方法を考えている（C）。
父と息子はどちらも精神障がい者であり、扶助金があるが、彼らを常に見守る人がいない（B）。認知症高齢者なのに、施設に行きたくないって言われたから、見守りが必要だけど、このようなサービスはないね（C）。

ステージ	カテゴリー	サブカテゴリー	コード
継続的な困りごとに対応する	特別に配慮する	相手の立場で考える	自分の親のように理解する
			相手の立場に立つ
		理解する	辛い気持ちが分かる
			怒る気持ちが分かる
		自力で対応する	私的人脈で問題を解決する
			自腹で問題を解決する
	日常生活の世話をする	安否確認する	窓から覗いて状況を確認する
			頻繁に会いに行く
			SNS で頻繁に連絡を取る
		代行する	公共料金支払いを代行する
			各種手続きを代行する
		付き添う	一緒に窓口に行く
			一緒に病院に行く
		家事援助する	部屋の整理を手伝う
			洗濯・掃除をする

代表的なインシデント
理解してもらえない時がよくあったが、私も同じくらいの年齢の親がいるので、話が通じない場面があっても、高齢者のことを理解できる（C）。1人暮らしの高齢者が多いので、自分の両親のそばに私がいないのは、大変だろうと思い、高齢者のために何かができればと思う（AB）。
立場を変えて考えれば、もし私がお婆さんなら私も悲しいと感じて誰かに慰めてほしいと思うに違いないので、したがって、よく傾聴し、慰めてあげる（ABC）。
息子さんが麻薬で死刑になるという実情をそのまま正直に教えたら、お婆さんはもっと辛くなるだろう（A）。私も子どもがいるから、子どもを失ったお婆さんの気持ちがよく分かる（D）。
もともと精神が弱く、家族もいないので、他に話せる人がおらず、辛いと思うから、私に怒る気持ちもよく分かる（C）。もしかしてお婆さんは病気で痛いから、私に怒ったね、わざと怒ることではないと思うんだ（E）。私は解決できなかったから、怒られても、おじさんの気持ちは分かる（A）。
関係機関の調整を求めても、協力してもらえない状況が多かった。自分の人脈を使って、未成年者の父親の葬式費用を減免した（D）。関係機関に知り合いがいるので、協力してもらえてよかった（AB）。
また緊急事態でも、手伝ってくれる人がいない場合は、自分で何とか解決しなければならない（D）。お金よりは、住民の困りごとを解決するのが大事なので、解決できれば何よりだと思う（AB）。住民が認めてくれれば、このぐらいのお金なら払っても大丈夫なので、問題が解決できる方を優先した（C）。
仕事が終わった後お婆さんが住んでいる小区（集合住宅団地）に寄って、窓から覗いてみる（A）。時々ノックしても返事がないから、窓から覗いて確認する（DA）。
3日に1回お婆さんに会いに行く（B）。巡回する時、訪問する時、必ずお婆さんに会いに行く（A）。
WeChatで「今日体調大丈夫？」とかを聞いて、一言でも返信してくれると、安心だと思う（B）。常にWeChatグループでお爺さんやお婆さんの状況を尋ねる（DF）。
お婆さんは行動が不自由だから、私は毎月お婆さんの代わりにガス代を支払いに行く（E）。認知症のお婆さんは料金の支払いをよく忘れることがあるから、ほぼ私が支払いに行く（D）。
障がい者や生活保護受給者は窓口へ行くのが不便だから、私が生活保護の手続きを申請してあげる（ABD）。行動が不自由な高齢者や、障がい者に医療保険の手続きなどを代行することがよくあった（B）。
身体障がい者と一緒に街道の窓口に行って、障がい者手当の手続きをする（E）。よく1人暮らし高齢者と一緒に窓口に行って、手続きを行った（B）。
私は家族がいないお婆さんを病院まで連れて行ってあげて、検査を受けさせた（B）。月一回お婆さんと一緒に身体検査に行った（BD）。
お婆さんの家に行って、話したり、部屋の整理をしたりする（B）。独居高齢者のために簡単な部屋の整理なら手伝う（BE）。
お婆さんとお爺さんのために洗濯の手伝いをしたり、掃除をしたこともあった（B）。1人暮らしのお婆さんの家の掃除を手伝った（E）。

ステージ	カテゴリー	サブカテゴリー	コード
継続的な困りごとに対応する	身近な関係	お互いに悩みを打ち明ける	お婆さんから悩みを聞かれる
			悲しい話を傾聴する
		親密な人と思われる	親戚と見なされる
			ものをくれた
			守られた
		自腹で世話する	生活の必要品を持っていく
			春節に手土産を持っていく
	協力を得る	手伝ってくれる	住民のトラブルを調整してくれる
			現場の写真を撮ってくれる
			近隣がお婆さんを見守ってくれる
		地域情報を得る	近所の地域の情報を教えてもらう
			近所の住民に情報を教えてもらう
		活動への積極的参加を得る	サロンの運営を手伝ってもらう
			ボランティア活動に参加する

代表的なインシデント
お互いによく分かってきて、お婆さんはさらに理解してくれる（B）。給料が低いこともお婆さんに話した後、「お前は大変だね」って言われて、よく私のことを心配してくれて、業務に協力してもらった（C）。お婆さんは私のことを自分の娘のように思って、よく私に悩みを打ち明る（B）。
お婆さんの昔の悲しい話を度々傾聴する（B）。傾聴することが大事だね、高齢者は１人暮らしで、きっと寂しいね、他に言う人がいないから（E）。
住民と親戚のような温かい関係になっている（A）。私はお爺さんとお婆さんの家に訪問する時、お爺さんとお婆さんは私のことを「娘」と呼んだ（B）。
地域を巡回する際、よく住民から積極的に挨拶をしてくれたり、暑い時には住民からアイスや水などをもらったこともある（BCD）。お正月の時も住民からお年玉等もらったこともあった（D）。
理不尽な住民に非難された場合、関係のいいお婆さんが守ってくれた（D）。私の代わりに理不尽な住民を説得してくれた（B）。
１人暮らしの高齢者には、私はよく自腹で果物などを買って訪問に行った（AB）。時に野菜などを買って、朝ご飯を作りに行く。３年間続けて見守った（D）。
春節の時、果物を持って行った（C）。春節の時、新年のカレンダーなどを持って行った（BE）。
住民間のトラブルがあった時、関係の良い住民から「来なくてもいいから、大したことじゃないから私たちあなたの代わりに解決に行く」との連絡が来た（B）。夫婦喧嘩した時、お隣さんに調整してもらった（A）。
他の事情で、すぐ網格に行けない場合、住民に私の代わりに現場の確認写真を撮ってもらった（D）。修正されたパイプの写真を欲しい場合、WeChat を通して、住民にお願いしたんだ（A）。
今後何かがあったとき、特に出かける場合は、両隣のお隣さんにお婆さんの様子を見守ってもらいたいと頼んだ。また、隣の人にも「お婆さんが出かけていったことに気づいたら、こちらに連絡してください」と伝えておいた。隣の人が見守ってくれていると、ちょっと安心する。例えば、水道が止まったり、お湯を欲しがったりする時など。認知症のお婆さんが外で徘徊する場合、お隣さんがすぐ連絡してくれる（E）。
住民が地域の周辺で何かに気づいたら、すぐ教えてもらえたので本当に助かった（C）。勝手に捨てられたごみがあることや何か壊れたことなど教えてくれる（BE）。
流動人口とか誰か出産したとか誰か結婚したとか、誰か亡くなっていたとかなどは彼らがすぐ教えてくれる。その情報を確保すると、業務がしやすくなっている（A）。新しい入居者がいる場合、不審者がいる場合など情報をすぐ教えてくれた（D）。
サロン等をうまく運営できているのは住民の協力のおかげだ（C）。住民とつながると、サロン活動にも参加してくれるし、協力してくれる（ABC）。
ボランティアが必要な時、私は住民に声をかけると、すでにつながっている住民やまたボランティアに興味がある住民は協力してくれる（CDE）。

付録表2 「管理と支援の捉え方」に関するマトリックス表

	事例1	事例2
管理を行わない	私の仕事は管理じゃない。住民を管理することは、ありえないでしょう。せいぜい、毎日住民と接しているからこそ、その人たちのことがよく分かるから、必要なサービスや情報を提供するという程度の仕事です。	住民を管理せず、私たちは住民の困りごとをサポートするために仕事しています。住民の問題解決のため、各部門と連携します。
仲介役	管理とは、せいぜい様々な資源を調整するようなものだと感じています。支援システムを知っている、あるいは制度を詳しく知っているのは私なので、例えば、住民がサービスを求めても、どこに行けばいいのか分からないとき、私が資源情報のまとめ役になって、情報を渡したり、必要なときに説明したりとコミュニケーションをとることができますから、中間的な立場です。	私たちの仕事のやり方は「コーディネート」です。関係機関のコーディネート。
地域の共同課題への対応	管理っぽい仕事だと、住民が自分の雑貨を公共スペースに置いていることを気づいたら、ポリシー上、許されないと思う時、管理的な観点からの相談も可能です。 例えば、彼らの雑貨が公共スペースに置かれていると、消防法に抵触して危険です。これはダメだと言って、たとえそうであっても、これも支援だと思います。私たちは警察ではないので、これがどのような安全上の問題があるのか、あるいは他の人の安全にどのような影響を与えるのかを彼に伝えることしかできないのです。ほとんど管理じゃない、そんな感じです。	地域のごみや違法建築物等あるかどうかを確認するのはやります。これは管理です。
行政機関へのデータの提供	管理の仕事は事務のことかと思います。住民の情報を管理し、秘密を保持します。あるいは、行政の仕事に協力し、データを提供したりとか。	他の機関がデータが必要な場合、整理し、提供します。それは、情報管理の仕事かな。住民の管理ではないね。
情報の伝達	私たちの仕事はすべて住民に対する支援だ。根気よく説明します。例えば、どんな政策が良かったかとか、住民に教える。	現在使えそうなサービスを紹介し、資源にリンクしますね。

事例3	事例4	事例5
管理とは言えないと思う。ただ住民のために、網格に怪しい人がいるかいないか、環境がきれいかどうかを確認するだけですね。	管理の仕事ではないと思いますね。	管理者ではないと思います。
ほとんどがそういう調整です。水漏れみたいな問題でも、他の部署に行って直してもらわないといけないんじゃないですか？私が完全にできることは、コーディネートすることです。私たちにできることは、近隣住民と住民の間を取り持つことくらいです。	対応するために、他の支援機関と調整しますね。また、住民の家族を探して、解決策を話し合う。話し合いながら、対応します。	資源を調整したり、住民の要望を伝えたりしますね。
違法建築物などを管理対象としている。 ご近所の関係を調整します。ケンカになったら、私が行って調整します。	普段から網格のすべてのことを見張って、消防安全、不審者対策などに取り組んでいます。	コロナで隔離されたとき、地域の秩序を管理します。 地域の危険を察知するとか、そういうのは管理だと思います。けど、よく考えてみたら、管理の仕事はほとんどないのですね。住民と話しながら解決しますから。
情報の統計を取り、随時情報を更新することをします。	情報の統計に関しても、それは有効な情報を住民に提供し、タイムリーなサービスを提供するためであって、住民を管理するためでもない。	例えば、突然、行政から「3回目のコロナのワクチンを接種した人の数を報告してください」と言われました。データを探すのも大変ですし、完全に更新されたデータがない場合もあるので、すぐに集計し、提供します。
現在のサービスポリシーを紹介し、より多くの人と共有する。	住民に何か問題や要望があれば、地域や他機関に伝えています。	党の思想や、サービスの情報など、住民に伝えますね。

	事例1	事例2
ニーズ・課題の把握	もし、これで何かあると分かったら、先に対処します。手を差し伸べてくれたり、最近彼の家で何かあったのを知って、相談したりすることもあります。	
資源へのつなぎ	障がい者、または社会的弱者たち。それぞれの住民が抱える問題に対応するための政策がある。まず、彼らの生活を把握し、困りごとを解決するための関連政策を知らせ、それに応じた支援を提供している。	ほとんどの場合、困りごとは解決できます。解決できない場合は、資源をつないで対応します。やはり資源調整、マッチングだね、ほとんどがマッチングリソースで、いろいろな仕事をやっています。
住民の困りごとの解決	Aさん（住民）が仕事を探していることを私は覚えておきます。彼がどんなスキルを持っているかメモした。また、求人情報が送られてくる場合、それをSNSグループに送ります。特にAさんに適している場合は、Aさんに個別に連絡します。	住民の管理をしているわけではありません。一人暮らしの高齢者や子どもが亡くなった高齢者のために、経済扶助サービスを利用させます。私は週に一度は訪問して生活の様子を見に行きます。家の片づけを手伝い、暮らしぶりを見ます。その他に必要なものがあれば、街道に報告し、できる限り解決します。
フィードバック	私たちは、彼らの問題を解決するために、いくつかの資源を適宜マッチングさせます。ある程度の資源を提供した上で、サービスがうまく提供されたか、本当に課題を解決できるのかを継続して確認する必要があるのです。	住民と定期的に連絡を取り合います。WeChatのグループの住民のメッセージをいつも見て、解決したかどうかも確認できます。
住民の見守り	ある高齢者の家に様子を見に行ったら、留守だった。それで、彼女の親戚に電話して、どうして家にいないんだと聞いたんです。この高齢者はうつ病で洗剤を飲んでいたそうです。でも、普段このお婆ちゃんと話していると、結構いい感じなんだけど、ある日、落ち込んで、洗剤を飲みました。私が見に行くとき発見してよかったけど。	すぐに解決できない場合は、とりあえず、常にこの住民と連絡します。解決可能な場合は、速やかに住民に連絡します。

事例3	事例4	事例5
よく WeChat グループでチャットして、住民の状況を把握します。	何らかの困りごとがあるのか、常に把握します。	障がいがある住民がいる。家族は一緒に住んでいないですので、私は頻繁に訪問し、何かあれば彼の家族に連絡している。
すぐ解決できない場合は、引き続き上級の機関に報告します。資料を提出し、特別な解決策を出せるかどうかを確認する。	食べ物を配達するサービスがあった。必要な住民が何人いますので、そちらの住民に優先して利用させます。また、高齢者に適用できるサービスがあるなら、優先的に連絡します。	特に、親が家にいない、取り残された子どもたちがたくさんいます。だから、目を離さないようにしているんです。残された子どもたちのためのアクティビティがあれば、参加できるように探しています。親が家にいなくても、地域の一員として、社会の温かさを感じてほしいと思っています。
私たちが提供しているサービスは、かなり高齢で運動機能が低下している高齢者、基本的には半身不随の方のためのモーニングコールサービスです。私たちは、自宅を訪問して心理カウンセリングを行い、本人のニーズを確認し、外界とのコミュニケーションや家族との仲を良くするための手助けや指導を行いました。	お婆ちゃんの子どもが一緒に住んでいない。突然の発症で足が使えなくなった。だから、お婆さんは車いすで、お爺さんは松葉杖をついていたんです。以前、彼の家には何度か手伝いに行ったことがあった。すると、娘さんから突然電話がかかってきて、「お爺さんが寝たきりになってしまったので、診てくれるお医者さんはいませんか」と言う。住民の娘がいないので、私が対応した。	誰も面倒を見る人がおらず、認知症で危険な一人暮らしをしている高齢者がいました。老人ホームに入るようにアドバイスしましたが、本人に拒否された。彼の子どもたちに電話をしてもらい、説得してもらった。親しい友人に老人ホームに行くように説得してもらった。
解決できないと、頻繁に訪問して、どのように現状が緩和されたか、解決方法を一緒に考えます。例えば、他の人に手伝ってもらうとか、そういうことはできないのでしょうかと話し合います。	解決したかどうか、また新たな困りごとがあるかどうか、よく見に行かないと、分からないでしょう。	解決できない場合は、彼（高齢者）の家族を探してみるのもいいでしょう。どうしても解決できない場合は、ご近所さんや知り合いにも相談してみてます。
認知症の高齢者がどのように生活しているか、何か必要なものはないか、よく見に行きます。	一人暮らしの高齢者や障がい者などの高齢者と常に接しているので、放ってはおけないのです。定期的に訪問しています。何かあっても、すぐに分かります。	私たちは定期的に訪問し、何か必要なものがないか、元気にしているかどうかを確認しています。このような高齢者のための活動があるかどうかを確認する。

	事例1	事例2
管理の権力がない	街道が私たちの仕事を管理するけど、私たちは住民を管理しない。	会社が社員を管理するように住民を管理することはできません。まず、住民は私たちの従業員ではないです。私たちは住民を管理する立場でもありません。
支援の目的で業務を行う	住民に関わる仕事はすべて支援だ。行政の仕事も協力するが、それでも、住民にうまく支援するために情報を提供するからですね。使い分けの考えがない。	住民に関わるものはすべて支援です。その範囲は広いですね。住民の方が何か相談に来られるたびに、私たちは解決策を考えます。
地域活動に参加してもらう	地域に芸術や文化が好きなお婆ちゃんたちがいて、踊りチームを作ったんだ。私は近所のこの女性が踊りたがっていると分かれば、お勧めする。	多くの住民はボランティアとして地域のために問題解決に取り組んでいる。
協力してもらう	昨年、二河（地名）でコロナの感染者が一人いたね。県は緊急計画を出して、密接者を探すために、社区の全員のPCR検査をしないといけないです。そして、どの時間帯で、どこで、どのようにPCR検査を全員にしてあげるかについて、やることがいっぱいだった。けど多くの住民がボランティアで手伝ってくれた。とても熱心です。	住民の方々は、何か困りごとがある人がいないか、私たちが見守ることにも協力してくれています。ちゃんと教えてくれるんですよ。
住民同士の助け合い	WeChatグループを通して、困る住民がいる場合、みんな助け合うね。最初のころはダメだったけど、今はもう知り合いだから。	コロナのときは、落ち込む人がいるので、住民がWeChatグループで励まし合っています。
信頼関係の形成	私は住民のことをよく知っているので、彼らが私のためにドアを開けてくれるのです。誰も来れないのは、普通、知り合いもいないし、関係もない、住民は誰にも協力しないからだ。他の部門が何かあった場合、それを伝えられるのは私たちしかいません。	私たちは住民と友だちで、訪問するとき、住民から「うちの家にご飯を食べにきて」と誘われるのです。
関係形成の阻害	住民を管理すると、住民は私たちをどんどん見たくなくなるでしょう。誰でも管理されたくないよね。けど、困りごとを解決されたら、この人は頼れるね、と思うよね。そうでしょう。	住民を管理すると、ドアを開けてくれないでしょう。

事例3	事例4	事例5
住民を管理する資格があるとは思えません。私はただ、彼らが抱える困りごとの解決に協力することだけです。	普段から住民と良好な関係を築いておく必要があるのであって、住民を管理する権力はないのです。	我々は管理の権力がない。住民の困りごとをより多く解決すると、いい関係になりますので、管理しないです。
どう割り切ればいいのか、考えたことがないんです。普段は、何が管理で、何が支援か、なんて考えていないんです。すべて住民のために仕事していますね。	住民のためにすることは、すべて支援です。	私たちは、少しでも住民の皆さんのお役に立ちたいと考えています。住民の問題を解決し、やるべきことをやります。管理といっても、もともとの目的は住民のための支援ですね。
wechatで、地域のイベントを周知すると、住民が積極的に参加しますね。	地域活動を紹介することも多いですね。仲良くなると、地域活動に参加したがる人が多くなります。	また、普段の会話から住民の趣味を知ることもできます。声を掛けたら、お婆ちゃんが踊りのサロンや、絵を描くサロンなど、とても熱心に参加してくれたね。
もちろん、一人で仕事をするなら、忙しくて、すべて対応できないね。住民に助けてもらうときもよくあったね。	ボランティア募集のイベントがあったときは、熱心な住民の方がたくさん応募してくださいました。特に、COVID-19流行の時期には、とても活発に活動します。	情報の更新など、住民から教えてもらいます。
住民同士で解決できることだと、WeChatなどを通して、解決しますね。それでも解決できない場合、私が何とかする。	COVID-19で家で自粛するときはね、食材を届けるのが不便だった。近所の人たちが野菜や果物を贈り合う。隣のお年寄りの買い物を手伝うのは日常茶飯事です。	水道が漏れたときなど、住民同士で解決しました。
私たち網格長がいないと、他の支援機関が家庭訪問するのはなかなか難しいですね、信用されないので。特に、高齢者は他人を信頼するのが難しいですね。騙されることを心配するから。だから、よく関わっている網格長じゃないと、ドアを開けてくれないですね。	私はよく住民の家を訪問し、困っている人の手助けをするので、仲良くしていただいています。	言われたことをやらなければならないこともある。しかし、住民と良好な関係を築いていると、友人として協力することも多く、そのようなこともあります。
それこそ、普段は友だちのように、地域のために助け合いながら生活しているのです。もし、私が彼らをコントロールしたとして、私を受け入れられず、友だちにはなれないでしょう。	管理の関係ではなく、管理の関係になると、協力してもらえないです。	住民の情報を管理しますが、住民を管理しないですね。いい関係があれば、協力したりしてくれます。

●著者紹介

劉 鵬瑶（りゅう ほうよう）

1991年、中国吉林省生まれ。2014年、東洋大学大学院福祉社会デザイン学科社会福祉学専攻博士前期課程を修了。2016年に同大学院博士後期課程へ進学し、2022年に博士（社会福祉学）を取得。専門は地域福祉、ソーシャルワークであり、特に地域住民のニーズ把握と支援活動に関する実践的研究を中心としている。また、ICTを活用した福祉支援モデルの構築や、地域社会における相互認識の促進、分身ロボット「OriHime」を活用した支援活動にも関心を寄せている。

代表的な論文に「中国都市部社区における住民の隙間のニーズへの支援——社区網格化管理制度における網格長のアウトリーチ実践の分析から」（『社会福祉学評論』22号）、「コロナ禍の中国都市部社区における『ICT+網格化管理』モデルの実践」（『福祉社会開発研究』13号）、他多数。

中国都市部の社区小地域における支援システム
——網格長による地域住民に密着した支援

2025 年 2 月 25 日　初版第 1 刷発行

著　者　　　劉　　鵬　　瑶
発行者　　　大　江　道　雅
発行所　　　株式会社　明石書店
　　　　　　〒 101-0021
　　東京都千代田区外神田 6-9-5
　　　　電　話　03-5818-1171
　　　　FAX　03-5818-1174
　　　　https://www.akashi.co.jp
　　　　振　替　00100-7-24505

組版・装丁：明石書店デザイン室
印刷・製本：モリモト印刷株式会社